The Met au Louvre
Dialogues d'antiquités orientales

The Met at the Louvre
Near Eastern Antiquities in Dialogue

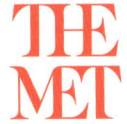 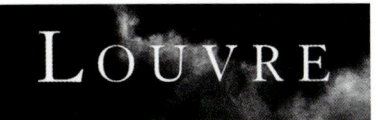

Cet ouvrage accompagne l'exposition *The Met au Louvre. Dialogues d'antiquités orientales*, musée du Louvre, aile Richelieu et aile Sully, niveau 0, salles 227, 228, 232, 235, 302, 205, 310, du 29 février 2024 au 29 septembre 2025.

This book accompanies the exhibition *The Met at the Louvre. Near Eastern Antiquities in Dialogue*, musée du Louvre, Richelieu and Sully sections, level 0, galleries 227, 228, 232, 235, 302, 205, 310, from February 29, 2024 to September 29, 2025.

MUSÉE DU LOUVRE

Laurence des Cars
Présidente-directrice

Kim Pham
Administrateur général

Francis Steinbock
Administrateur général adjoint

Ariane Thomas
Directrice du département des Antiquités orientales

Vincent Blanchard
Adjoint à la directrice du département des Antiquités orientales

Aline François-Colin
Directrice des Expositions et des Éditions

Valérie Coudin
Directrice adjointe des Éditions

Anne Behr
Directrice adjointe des Expositions

Luc Tramier
Directeur des Ateliers d'art et de la Présentation des collections

Gautier Verbeke
Directeur de la Médiation et du Développement des publics

Direction des Expositions et des Éditions

Violaine Bouvet-Lanselle
Cheffe du service des Éditions

Marie-Julie Chastang
Cheffe du service des Expositions et des Prêts

Laura Clair
Adjointe à la cheffe du service des Expositions et des Prêts

Nicolas Lesur
Chef de projet délégué

Juan-Felipe Alarcon
Architecte scénographe

Delphine Prevost
Conductrice de travaux

Département des Antiquités orientales

Salima Amann
Documentaliste scientifique

Virginie Fabre
Documentaliste scientifique

Elisabet Goula Iglesias
Documentaliste scientifique

Direction de la Médiation et du Développement des publics

Alix Cattoir
Chargée de médiation

Marcel Perrin
Graphiste

Cecile Guillermin-Bianchi
Coordinatrice graphisme et signalétique

ÉDITIONS KHÉOPS

Christine Gallois
Directrice des éditions, coordination et suivi éditorial

Marie-Hélène Granjon, Christine Gallois
Conception graphique et mise en page

Catherine Aquain
Relecture et correction des textes

Marie Kastner-Uomini, Jean-Luc Fissolo
Traduction et relecture des textes

The Met au Louvre
Dialogues d'antiquités orientales

The Met at the Louvre
Near Eastern Antiquities in Dialogue

Sous la direction d'Ariane Thomas et Hélène Le Meaux

Edited by Ariane Thomas and Hélène Le Meaux

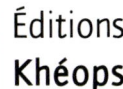

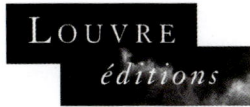

Auteurs

THE METROPOLITAN MUSEUM OF ART, NEW YORK

Kim Benzel
Curator in Charge, Department of Ancient Near Eastern Art

Anne Dunn-Vaturi
Senior Provenance Researcher, Department of Ancient Near Eastern Art

Jean-François de Lapérouse
Conservator, Department of Objects Conservation

Yelena Rakic
Curator, Department of Ancient Near Eastern Art

MUSÉE DU LOUVRE, PARIS

Vincent Blanchard
Conservateur au département des Antiquités orientales

Sophie Cluzan
Conservateur au département des Antiquités orientales

Barbara Couturaud
Chargée de collections au département des Antiquités orientales

Julien Cuny
Conservateur au département des Antiquités orientales

Noëmi Daucé
Conservateur au département des Antiquités orientales

Hélène Le Meaux
Conservateur au département des Antiquités orientales

Grégoire Nicolet
Chargé de collections au département des Antiquités orientales

Clélia Paladre
Documentaliste scientifique au département des Antiquités orientales

Ariane Thomas
Directrice du département des Antiquités orientales

© musée du Louvre, Paris, 2024
ISBN 978-2-35031-805-9
http://www.louvre.fr

© éditions Khéops, Paris, 2024
ISBN 978-2-916142-31-9
http://www.kheops-egyptologie.fr

Dépôt légal : premier trimestre 2024
Imprimé en France, Manufacture d'Histoire Deux-Ponts

Que soient ici très sincèrement remerciées les équipes du Met et du Louvre pour leur contribution indispensable à ce projet. Au Louvre en particulier : Nicolas Lesur, Juan Felipe Alarcon, Marcel Perrin, Alix Cattoir, Jean-René Liénard, Pascal Goujet, Romain Pastor, Violaine Bouvet-Lanselle, Coralie James, Michael Chkroun, Christine Moine-Pattou, Mathilde Combet, ainsi que Barthélemy Glama, et bien sûr toute l'équipe du département des Antiquités orientales et tout spécialement Salima Amann pour cet ouvrage. Nous remercions également l'équipe des éditions Khéops et notamment Christine Gallois leur directrice.

May we sincerely thank the teams at the Met and the Louvre for their essential contribution to this project. At the Louvre in particular : Nicolas Lesur, Juan Felipe Alarcon, Marcel Perrin, Alix Cattoir, Jean-René Liénard, Pascal Goujet, Romain Pastor, Violaine Bouvet-Lanselle, Coralie James, Michael Chkroun, Christine Moine-Pattou, Mathilde Combet, as well as Barthélemy Glama, and of course the whole Near Eastern Antiquities Department team with a special thank to Salima Amann for this book. We would also like to thank the Kheops publishing team, and in particular Christine Gallois, their director.

Préface

Aujourd'hui, il est plus que jamais nécessaire que des institutions comme le Musée du Louvre et le Metropolitan Museum of Art travaillent de concert et partagent leurs recherches, leurs ressources et leurs idées, au bénéfice de leurs visiteurs internationaux.

Nous avons profité de la fermeture des galeries du Met consacrées à l'Art du Proche-Orient ancien pour offrir au public une collaboration unique, le temps de leur rénovation. Nos deux institutions, fortes des liens durables et profonds qui les unissent, se réjouissent de vous présenter l'installation inédite de dix chefs-d'œuvre du département d'Art du Proche-Orient Ancien du Metropolitan Museum of Art dans les salles du département des Antiquités orientales du musée du Louvre.

Cette exposition exceptionnelle lie nos collections d'une manière radicalement nouvelle, en nouant des dialogues essentiels et instructifs entre les œuvres.

Les œuvres de chaque collection, ainsi mises en conversation, s'éclairent mutuellement. Elles nous en apprennent plus sur les usages socio-religieux des objets et approfondissent notre compréhension de l'histoire si riche des cultures exposées, comme c'est le cas pour un gobelet d'Asie centrale. Des œuvres jumelles seront réunies pour l'occasion ; deux figurines de fondation zoomorphes produites à la fin du troisième millénaire dans le royaume d'Urkesh seront réunies dans une scénographie dynamique. Ces échanges fascinants nous présentent des facettes nouvelles de chefs-d'œuvre maintes fois admirés.

C'est une immense fierté pour nos deux institutions que de créer ensemble non seulement une exposition inoubliable pour les visiteurs, mais de poser également un jalon essentiel dans la recherche scientifique concernant cette période.

Nous voulons remercier très sincèrement les équipes des deux institutions pour leur travail inestimable dans la coordination de ce projet remarquable. Au département des Antiquités orientales du Louvre, nous saluons Ariane Thomas, directrice du département, les conservateurs Vincent Blanchard, Hélène Le Meaux, Sophie Cluzan, Barbara Couturaud, Julien Cuny, Noëmi Daucé et Grégoire Nicolet, l'épigraphiste Véronique Pataï, les documentalistes Salima Amann, Virginie Fabre, Elisabet Goula Iglesias, Anne-Lise Guigues et Clélia Paladre, ainsi que les régisseurs Jorge Vasquez, Norbeil Aouci et Mahmoud Alassi. Nous souhaitons également remercier, au département d'Art du Proche-Orient Ancien du Metropolitan Museum of Art, Kim Benzel, conservatrice en chef, ainsi que la conservatrice Yelena Rakic, Anne Dunn-Vaturi, chargée de recherches de provenance, Daira Eden Robert, directrice de collection, Quincy Houghton, directeur adjoint aux Expositions, Jean-François de Lapérouse, conservateur au département de la Conservation des objets et Caitlin Corrigan, régisseuse associée à la régie des œuvres.

Laurence des Cars
*Présidente-directrice
musée du Louvre*

Preface

Now more than ever, it is imperative that institutions such as the Musée du Louvre and The Metropolitan Museum of Art work together to share resources, research, and ideas for the benefit of our international audiences.

The closure of The Met's galleries dedicated to Ancient Near Eastern Art for a transformative renovation provided a unique opportunity for collaboration. We are thrilled to build upon the strong, ongoing partnership between our two museums for this special installation of ten masterpieces from The Met's Department of Ancient Near Eastern Art among the permanent collection of the Department of Near Eastern Antiquities at the Louvre

This exceptional presentation brings our collections together in an unprecedented way, establishing essential and informative dialogues between them.

Seen in conversation, works from each collection inform the social and religious uses of objects from the other, broadening our understanding of the rich histories and cultures on view, as in the case of a beaker from Central Asia. Twins are reunited for the occasion; two zoomorphic foundation figurines produced in the kingdom of Urkesh at the end of the third millennium will be brought together in a dynamic display. These compelling exchanges allow us to shed new light on these beloved masterworks.

Together, we are proud to produce a project that will create an unforgettable experience for visitors and lasting scholarship for the field.

We would like to express our gratitude to the teams at both institutions for their invaluable work in coordinating this collective project. From the Louvre's Department of Near Eastern Antiquities, we are grateful to Ariane Thomas, Director, Vincent Blanchard, Hélène Le Meaux, Sophie Cluzan, Barbara Couturaud, Julien Cuny, Noëmi Daucé, and Grégoire Nicolet, Curators, Véronique Pataï, Epigraphist, Salima Amann, Virginie Fabre, Elisabet Goula Iglesias, Anne-Lise Guigues, and Clélia Paladre, Documentalists, as well as to Jorge Vasquez, Norbeil Aouci, and Mahmoud Alassi, Registrars. From The Met's Department of Ancient Near Eastern Art, we extend our thanks to Kim Benzel, Curator in Charge, Yelena Rakic, Curator, Anne Dunn-Vaturi, Senior Provenance Researcher, and Daira Eden Robert, Collections Manager, as well as to Quincy Houghton, Deputy Director for Exhibitions, Jean-François de Lapérouse, Conservator in the Department of Objects Conservation, and Caitlin Corrigan, Senior Associate Registrar in the Registrar's Office.

Max Hollein
Marina Kellen *French Director and CEO*
The Metropolitan Museum of Art

DE NEW YORK À PARIS, DEUX INSTITUTIONS SŒURS ET LEUR DIALOGUE AUTOUR DES ANTIQUITÉS DU PROCHE-ORIENT

FROM NEW YORK TO PARIS, TWO SISTER INSTITUTIONS AND THEIR DIALOGUE BETWEEN NEAR EASTERN ANTIQUITIES

Kim Benzel
Anne Dunn-Vaturi
Hélène Le Meaux
Yelena Rakic
Ariane Thomas

Institutions sœurs, le musée du Louvre et le Metropolitan Museum of Art (The Met) partagent beaucoup, par leur histoire d'abord – le premier ayant en partie inspiré le second, qui a su remarquablement développer sa propre spécificité –, mais aussi par la complémentarité de ce qui fait leurs ressemblances autant que leurs dissemblances, lesquelles n'en finissent pas de nourrir un dialogue fructueux autour des œuvres et de leur histoire, en l'occurrence les antiquités conventionnellement appelées « orientales », provenant du Proche et Moyen-Orient, ou Asie occidentale.

Le département des Antiquités orientales du musée du Louvre

Depuis son noyau d'origine que fut le musée assyrien ouvert en 1847 – ce qui en fait le tout premier musée dans ce domaine –, le département des Antiquités orientales du musée du Louvre conserve actuellement un peu plus de 150 000 œuvres couvrant quelque 8 000 ans d'histoire et un immense territoire allant pour certaines périodes de l'Asie centrale à l'Espagne et de la mer Noire à l'océan Indien. Ce département résulte de missions pionnières en Irak, en Iran et au Levant, en particulier, grâce auxquelles on redécouvrit des pans d'histoire oubliés. Toute première montrée au public, la collection d'antiquités orientales du Louvre a contribué à la naissance de cette discipline et à nombre de ses plus importants progrès. Cette recherche fondamentale se poursuit aujourd'hui, notamment au travers de fouilles et de programmes de coopération sur le terrain comme à Byblos au Liban, à Bahreïn ou encore en Irak, notamment à Mossul, ainsi qu'en Arabie saoudite, en Iran, en Turquie, en Arménie, en Jordanie, etc. Pour la plupart, les antiquités furent données au Louvre au fur et à mesure des expéditions et missions archéologiques dans le cadre d'accords de partage de fouilles depuis le milieu du XIXᵉ siècle. Pour les autres, il s'agit d'acquisitions, de dons de particuliers et de dépôts toujours actifs. Cet ensemble constitue l'un des musées les plus complets sur le Proche-Orient antique.

Sister institutions, the Louvre Museum and The Metropolitan Museum of Art (The Met) share much in common, firstly through their history—the former having partly inspired the latter, which has since then developed its own identity—but also through a complementary relationship of their similarities as much as their dissimilarities, which never cease to nourish a fruitful dialogue around the works and their history, in this case antiquities conventionally referred to as "oriental", coming from the Near and Middle East, or Western Asia.

The Department of Near Eastern Antiquities of the Louvre Museum

From its original nucleus which was the Assyrian Museum opened in 1847—making it the very first museum in this field—,the Louvre's Department of Near Eastern Antiquities currently holds just over 150,000 works, covering some 8,000 years of history and an immense territory ranging for certain periods from Central Asia to Spain and from the Black Sea to the Indian Ocean. This department was created following the pioneering missions to Iraq, Iran and the Levant, in particular, which led to the rediscovery of forgotten swathes of history. The Louvre's Near Eastern antiquities collection, the very first shown to the public, contributed to the birth of this field and to many of its most important advances. This fundamental research continues today, especially through excavations and cooperative field programs at Byblos in Lebanon, in Bahrain and in Iraq, notably in Mosul, as well as in Saudi Arabia, Iran, Turkey, Armenia, Jordan, etc. For the most part, the antiquities were gifted to the Louvre through archeological expeditions and missions, within the framework of excavation-sharing agreements, known as division of finds, dating back to the mid-nineteenth century. The rest were acquired, donated by private individuals, or loaned to the museum. This collection is one of the most comprehensive of ancient Near Eastern Art. In

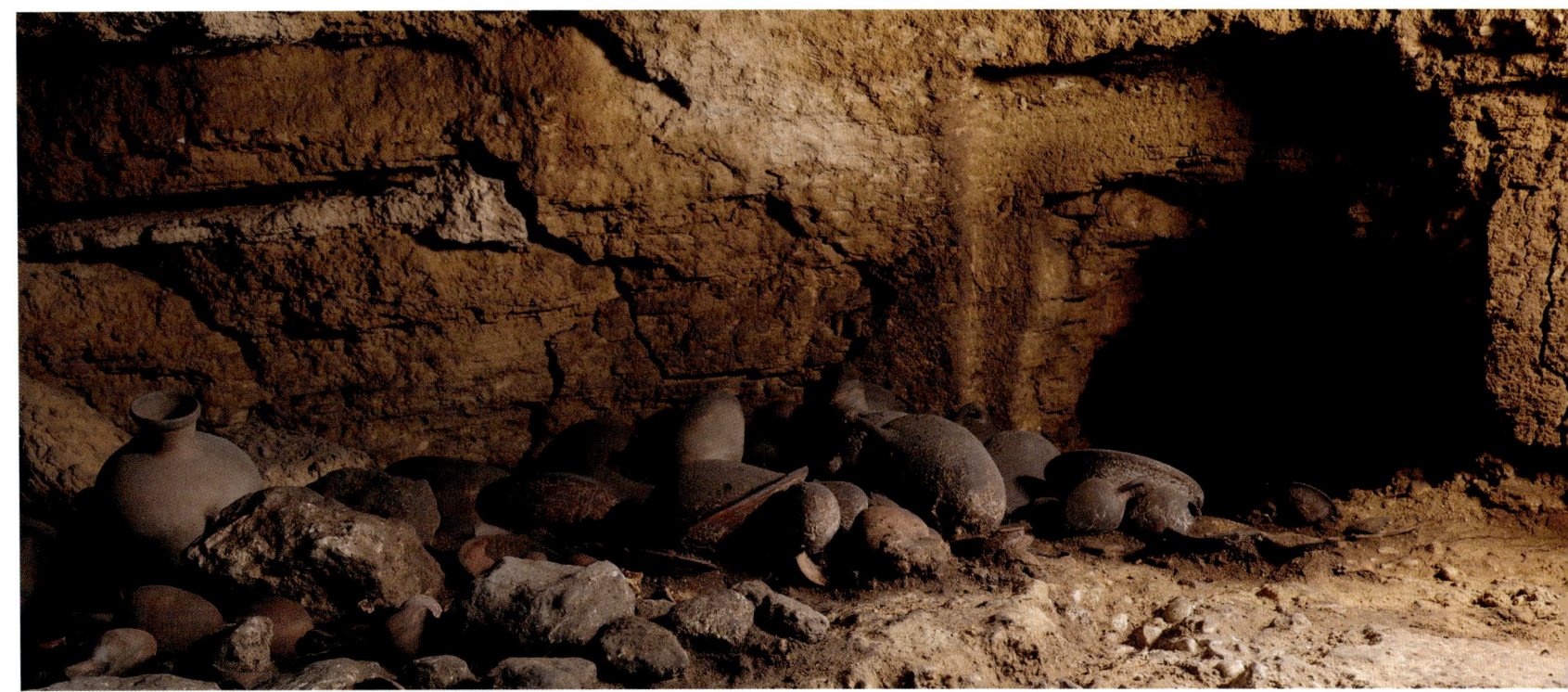

1. Nouvelles fouilles conduites à Byblos par le Ministère de la Culture / Direction Générale des Antiquités du Liban et le département des Antiquités orientales du musée du Louvre. Ici, le vestibule de l'hypogée V (vers 1800 av. J.-C.), en 2020. New excavations carried out in Byblos by the Ministry of Culture/ Directorate General of Antiquities, Lebanon and the Louvre's Department of Near Eastern Antiquities. Here is the vestibule of Hypogeum V (*ca.* 1800 B.C.), in 2020.

Aux chefs-d'œuvre et pièces emblématiques s'ajoutent des séries archéologiques qui tous continuent de faire l'objet d'études et de recherches pour toujours mieux comprendre et faire connaître le passé dont ils témoignent. Ils forment ainsi le cœur de collaborations internationales, notamment avec les autres collections d'antiquités du Proche-Orient ancien telles que celle du Met à New York.

Depuis le premier musée assyrien : la collection mésopotamienne

Le 1er mai 1847, le Louvre inaugurait le premier musée assyrien de l'Histoire, le jour de la fête d'un roi en crise, Louis-Philippe, finalement forcé au départ au printemps suivant. Il regroupait les découvertes pionnières de Paul-Émile Botta à Khorsabad en 1843-1845 qui révélèrent des vestiges des Assyriens, alors surtout connus de manière indirecte par la Bible et les auteurs classiques. Autour de ce noyau, la collection s'est très largement développée, d'abord avec les découvertes de Victor Place qui succéda à Botta comme consul de France à Mossoul ; à sa suite, il fouilla Khorsabad entre 1852 et 1854. Aux collections assyriennes s'ajoutèrent des antiquités retrouvées autour de Babylone mais aussi en Phénicie, en Terre sainte, à Chypre, en Arabie ou en Anatolie, ainsi que sur le plateau iranien et dans bien d'autres territoires, au travers de missions archéologiques qui furent autant de jalons vers la redécouverte du passé plurimillénaire du Proche-Orient.

addition to the masterpieces and iconic works, there are archeological series, all of which continue to be studied to better understand the history to which these multi-millennia pieces testify. Those series are at the core of international collaborations, especially with other Ancient Near Eastern Art collections, such as that of The Met in New York.

Since the first Assyrian museum, the Mesopotamian collection

The first Assyrian Museum in history was inaugurated at the Louvre on May 1, 1847, by Louis-Philippe, a king in crisis who was finally forced to abdicate less than a year later (April 24, 1848). It consisted of Paul-Émile Botta's first finds at Khorsabad in 1843-1845, which brought to light the Assyrian civilization, then known mainly indirectly through the Bible and classical authors. Around this core, the collection developed considerably, first with the discoveries of Victor Place, who succeeded Botta as French consul in Mosul, and who then excavated Khorsabad between 1852 and 1854. To the Assyrian collections were added antiquities found not only around Babylon, but also in Phoenicia, the Holy Land, Cyprus, Arabia and Anatolia, as well as on the Iranian plateau and in many other territories, through archeological missions that were milestones in the rediscovery of the Near East's millennial past.

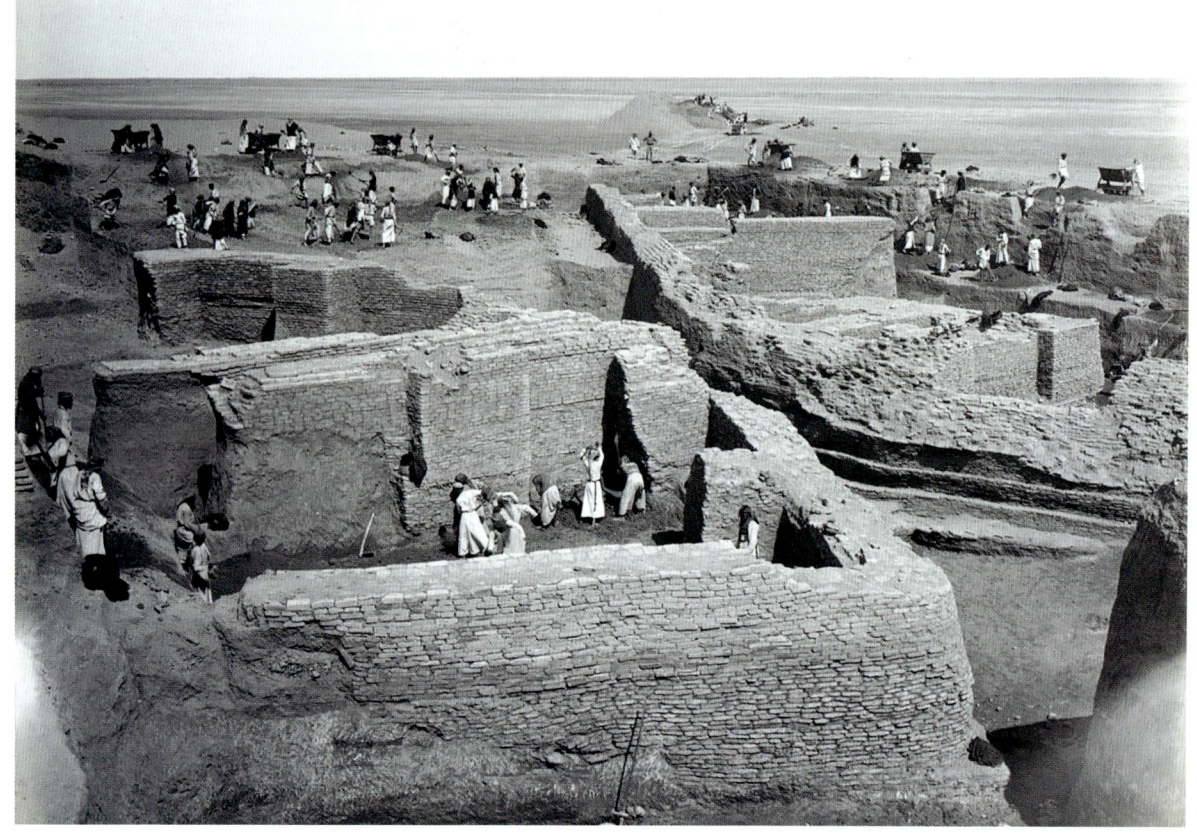

Ce fut particulièrement le cas pour l'antiquité mésopotamienne avec les fouilles d'Ernest de Sarzec à partir de 1877 sur le site de Tello en Mésopotamie du Sud, par lesquelles la civilisation sumérienne, alors totalement oubliée, fut redécouverte. Ces recherches archéologiques furent conduites, dès 1879, avec le soutien actif du conservateur-adjoint des Antiques au Louvre, Léon Heuzey, et l'arrivée en France des premières antiquités de Tello détermina la création officielle, par décret du 20 août 1881, du « département des Antiquités orientales ». Son premier conservateur fut Heuzey lui-même, qui s'occupa notamment d'y présenter un ensemble unique de statues du prince Gudea, couvertes d'inscriptions sumériennes, bientôt déchiffrées par les savants – dont François Thureau-Dangin, conservateur au Louvre.

Plus à l'est, les pionniers de la Délégation archéologique française en Iran et de la longue exploration archéologique du site de Suse retrouvèrent plusieurs chefs-d'œuvre emblématiques de l'histoire mésopotamienne emportés en butin sur le plateau iranien par le roi Shutruk-Nahhunte après un raid sur la Mésopotamie au XIIᵉ siècle avant notre ère. Le Code de Hammurabi en est l'exemple le plus célèbre.

This was particularly the case for ancient Mesopotamia, with Ernest de Sarzec's excavations from 1877 onwards at the site of Tello in southern Mesopotamia, which led to the rediscovery of the Sumerian civilization, then totally forgotten. From 1879 onwards, this archeological research was conducted with the active support of Léon Heuzey, assistant curator of Antiquities at the Louvre. The arrival in France of the first antiquities from Tello led to the official creation of the "Département des Antiquités orientales" by decree on August 20, 1881. Its first curator was Heuzey himself, who presented a unique set of statues of Prince Gudea, covered with Sumerian inscriptions that were soon to be deciphered by scholars—including François Thureau-Dangin, curator at the Louvre.

Further east, the findings of the French Archeological Delegation in Iran and those of the Susa site revealed several emblematic masterpieces of Mesopotamian history that had been taken as booty to the Iranian plateau by King Shutruk-Nahhunte after a raid on Mesopotamia in the twelfth century B.C., with the Code of Hammurabi as one of the highlights of the collection.

Les collections mésopotamiennes ont continué d'accueillir jusque dans l'entre-deux-guerres une partie des découvertes issues de la poursuite des fouilles de Tello, et d'autres provenant de Larsa ou Kish dans le sud de l'Irak actuel. En Syrie, François Thureau-Dangin mit au jour des sites liés notamment à l'empire assyrien, avant qu'André Parrot ne découvre en 1933 le royaume et la ville de Mari, objet de décennies de recherches archéologiques et prolongement jusqu'à l'Euphrate d'une certaine culture mésopotamienne.

L'entrée au Louvre des collections de l'Iran antique

Les collections de l'Iran antique au Louvre ont pour noyau des œuvres emblématiques de l'époque des Grands rois de l'empire perse achéménide. Issues du palais de Darius Ier à Suse, elles furent découvertes par les archéologues Marcel et Jane Dieulafoy en 1885-1886 et présentées au Louvre dès 1888. Très soutenue par les autorités perses de l'époque, une Délégation archéologique française en Perse fut bientôt créée, notamment pour explorer Suse. Des décennies de

Between the two World Wars, the Mesopotamian collections acquired some of the finds from the ongoing excavations at Tello, and others from Larsa and Kish in today's southern Iraq. In Syria, François Thureau-Dangin unearthed sites linked to the Assyrian empire, before André Parrot discovered the kingdom and city of Mari (considered an extension of the Mesopotamian culture to the Euphrates) in 1933, subject of decades of archeological research.

Iranian antiquities enter the Louvre

At the heart of the Louvre's ancient Iran collections are emblematic works dating from the era of the Great Kings of the Achaemenid Persian Empire. Coming from the palace of Darius I at Susa, they were discovered by the archeologists Marcel and Jane Dieulafoy in 1885-1886 and presented at the Louvre in 1888. Strongly backed by the Persian authorities of the time, a French Archeological Delegation in Persia was created, notably to explore Susa. Decades of research on the site have

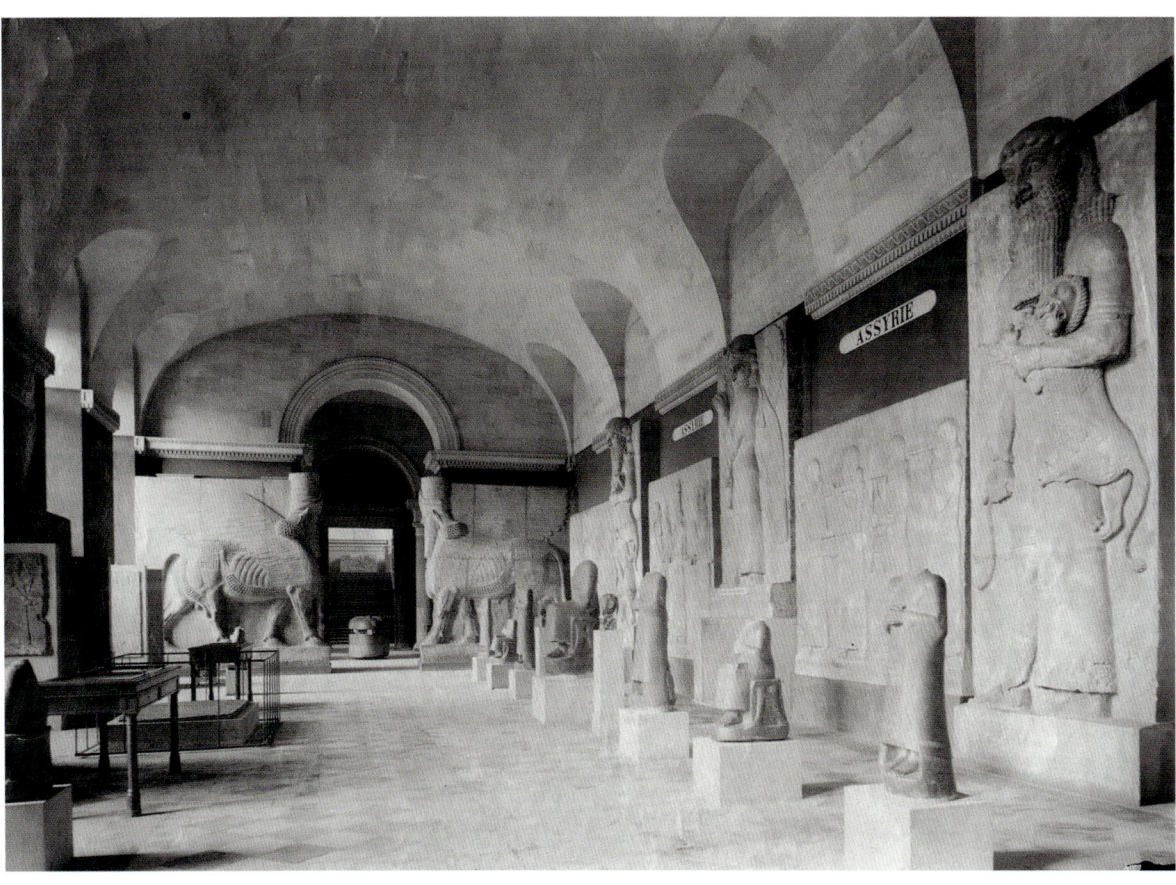

2. Présentation des collections de Mésopotamie au Louvre, dans les années 1881-1886.
Presentation of the Mesopotamian collections in the Louvre, in the years 1881-1886.

recherche sur ce site ont permis de retrouver sa longue histoire d'au moins 6 000 ans qui a servi de fil conducteur pour la redécouverte de l'histoire du pays. Bientôt, des monuments rejoignirent le Louvre et leur étude permit d'identifier le pays d'Élam, ou encore d'éclairer la préhistoire de l'Iran et les débuts de la métallurgie. Outre la longue exploration de Suse par Jacques de Morgan et ses successeurs, d'autres sites furent fouillés en Iran en lien avec le Louvre. Roland de Mecquenem explora ainsi plusieurs sites dans la plaine de Susiane et engagea des travaux à Tchoga Zanbil. Roman Ghirshman fouilla plus tard Tépé Giyan, Tépé Sialk et Bishapur, révélant divers pans de la longue histoire du plateau iranien. La remarquable collection dédiée à l'Iran antique s'est ainsi enrichie par le biais des fouilles françaises menées en collaboration avec le Louvre et qui ont fait l'objet d'un partage de fouilles jusqu'en 1973.

Des archéologues français au Levant et en Méditerranée jusqu'à l'Espagne

Si des œuvres étaient entrées dans les collections françaises dès le XVIIIe siècle, tel le célèbre Cippe de Malte, à l'origine du déchiffrement du phénicien, la formation des collections du Levant – soit de Syrie, du Liban (Phénicie), de Palestine, de Chypre et d'Anatolie depuis la Turquie jusqu'au Caucase – s'est pleinement développée au XIXe siècle. En 1860, l'expédition militaire au Levant envoyée par Napoléon III fut doublée d'une mission archéologique dirigée par Ernest Renan. Le noyau de la collection phénicienne du Louvre, qui comporte des pièces de Tartus, Byblos, Sidon, Tyr, etc., provient de cette « mission de Phénicie ». Le sarcophage du roi Eshmunazor de Sidon, offert au Louvre quelques années auparavant par le duc de Luynes fit considérablement progresser la connaissance de la langue phénicienne. En Palestine, ce fut notamment Félicien de Saulcy qui explora le « Tombeau des rois », à Jérusalem, dans les années 1860, tandis qu'en 1873 Charles Clermont-Ganneau estampait puis rapportait au Louvre les fragments de la stèle de Mesha, relatant la victoire de ce roi de Moab sur le royaume d'Israël. Ces monuments allaient être à l'origine du « Musée judaïque ». En mission à Chypre en 1862 et 1864, le marquis Melchior de Vogüé en rapporta les premières collections d'antiquités chypriotes, parmi lesquelles le monumental vase d'Amathonte en pierre. Grâce aux missions effectuées en Turquie par Ernest Chantre de 1892

uncovered its long history of at least 6,000 years, which served as a guideline for the rediscovery of the country's history. Shortly after, monuments were brought to the Louvre, whose study helped identify the land of Elam and shed light on Iran's prehistory as well as the beginnings of metallurgy. In addition to the long exploration of Susa by Jacques de Morgan and his successors, other sites were excavated in Iran in connection with the Louvre. Roland de Mecquenem explored several sites in the Susian plain and undertook work at Tchoga Zanbil. Roman Ghirshman later excavated Tepe Giyan, Tepe Sialk and Bishapur, revealing various facets of the long history of the Iranian plateau. The remarkable collection dedicated to ancient Iran was enriched by the French excavations conducted in collaboration with the Louvre whose finds were shared until 1973.

French archeologists in the Levant and in the Mediterranean as far as Spain

While some works had entered the French collections in the eighteenth century (such as the famous Cippus of Malta, which was one of the keys to deciphering Phoenician thanks to its bilingual inscription), the collections from the Levant—Syria, Phoenicia (Lebanon), Palestine, Cyprus and Anatolia from Turkey to the Caucasus—were fully developed in the nineteenth century. In 1860, Napoleon III's military expedition to the Levant included an archeological mission led by Ernest Renan. The core of the Louvre's Phoenician collection, which includes pieces from Tartus, Byblos, Sidon, Tyre, etc., comes from this "Phoenician mission." The sarcophagus of King Eshmunazor of Sidon, donated to the Louvre a few years earlier by the Duc de Luynes, considerably furthered knowledge of the Phoenician language. In Palestine, Félicien de Saulcy explored the "Tomb of the Kings" in Jerusalem in the 1860s; in 1873, Charles Clermont-Ganneau stamped and brought back to the Louvre fragments of the Mesha Stele, recounting the victory of the king of Moab over the kingdom of Israel. These monuments were to be the origin of the "Judaic Museum." On a mission in Cyprus between 1862 and 1864, the Marquis Melchior de Vogüé brought back the first collections of Cypriot antiquities, including the monumental stone vase of Amathus. Thanks to the missions conducted in Turkey by Ernest Chantre from 1892 to 1894 and Paul Gaudin from 1898 to 1901,

à 1894 et par Paul Gaudin de 1898 à 1901, une série d'antiquités anatoliennes fut présentée au Louvre, soulignant l'importance de ce domaine de recherche.

Sous le mandat français, la direction des Antiquités de Syrie et du Liban contribua à faire progresser la connaissance du patrimoine archéologique de ces pays. Le partage des découvertes se fit jusqu'en 1939, avec notamment les trouvailles provenant du site de Ras Shamra, l'antique Ugarit, sur la côte syrienne, exploré à partir de 1929 par Claude Schaeffer, ainsi que de Mari sur l'Euphrate, fouillé à partir de 1933 par André Parrot. Une partie des découvertes issues des fouilles de Tell el-Far'ah, dirigées par le père Roland de Vaux de l'École biblique et archéologique française de Jérusalem entre 1946 et 1960 en Israël, sont exposées au Louvre.

De manière plus singulière, le département compte un grand nombre d'œuvres provenant de Méditerranée occidentale où des archéologues français comme Évariste Pricot de Sainte-Marie et le père Delattre pour Carthage, ou Pierre Paris et Arthur Engel pour l'Espagne, ont été particulièrement actifs entre la fin du XIXe et le début du XXe siècle.

Exposer les antiquités orientales au Louvre

Ayant l'honneur de présenter au public et aux chercheurs une collection d'antiquités du Proche-Orient remarquable, tant par sa diversité que par son nombre et sa qualité, le musée du Louvre a toujours œuvré tant à l'étude et à la conservation de ces vestiges qu'à leur présentation pour les rendre accessibles à tous. Depuis l'arrivée des monumentaux décors de Khorsabad, les aménagements ont ainsi été nombreux dans les salles du palais du Louvre au fil des découvertes et acquisitions, ainsi que des nouvelles connaissances sur l'Orient antique, toute nouvelle recherche et découverte pouvant remettre en question les savoirs acquis dans ce domaine. Si une « salle Sarzec » réunissait, dans la seconde moitié du XIXe siècle, des œuvres de petites et moyennes dimensions toutes origines confondues, une telle confrontation des vestiges a progressivement laissé la place à un accroissement des salles organisé suivant les domaines géographiques et chronologiques peu à peu établis à mesure que la connaissance de l'Orient antique progressait. Trois parcours principaux autour des domaines mésopotamien, iranien et levantin ont été développés depuis les réaménagements de 1947, puis de 1971, respectivement dirigés par André Parrot

a series of Anatolian antiquities arrived at the Louvre, underlining the importance of this field of research.

Under the French Mandate, the *Service des Antiquités* of Syria and Lebanon contributed to the advancement of knowledge of these countries' archeological heritage. The share of finds continued until 1939, notably at Ras Shamra, ancient Ugarit on the Syrian coast, explored from 1929 by Claude Schaeffer, and at Mari on the Euphrates, excavated from 1933 by André Parrot. Some of the finds from the Tell el-Far'ah excavations, directed between 1946 and 1960 in Israel by Father Roland de Vaux of the French School of Biblical and Archeological Research, are exhibited at the Louvre.

The department also includes a large number of works unearthed in the Western Mediterranean, where French archeologists such as Évariste Pricot de Sainte-Marie and Father Delattre in Carthage, or Pierre Paris and Arthur Engel in Spain, were particularly active between the late nineteenth and early twentieth centuries.

Exhibiting Near Eastern antiquities at the Louvre

Having the honor of presenting to the public and researchers a collection of Near Eastern antiquities of remarkable diversity, quantity and quality, the Louvre has always been committed to the study and conservation of these works, as well as to their presentation, making them available to all. Since the arrival of the monumental decoration from Khorsabad, the rooms of the Palais du Louvre have undergone a number of changes as new discoveries and acquisitions have been made, and as new knowledge about the ancient Near East has been acquired, since all new research and discoveries can always call into question the knowledge acquired in this field. In the second half of the nineteenth century, a "Sarzec Room" contained small and medium-sized works of all origins, but such a combination has gradually given way to an expansion of the rooms organized according to the geographical and chronological fields established as knowledge of the ancient Near East increased. Three main sections focusing on Mesopotamia, Iran and the Levant have been developed since the reorganizations of 1947 and 1971, directed respectively by André Parrot and Pierre Amiet,

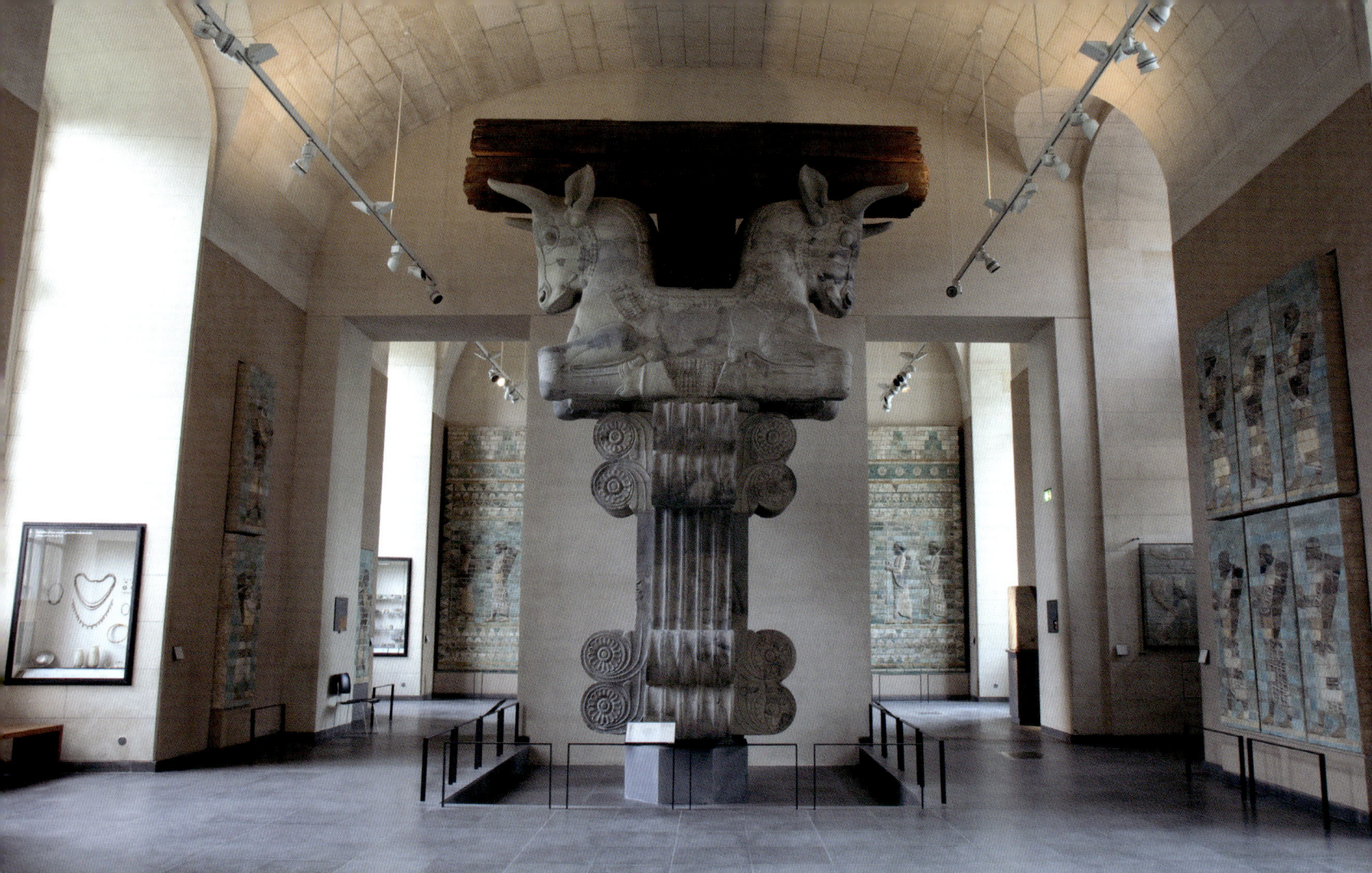

et Pierre Amiet, avant de s'affirmer bien davantage encore en 1992 puis en 1997, dans le cadre du projet du Grand Louvre, qui vit un redéploiement massif des collections et notamment la création d'une cour dédiée à une évocation de Khorsabad. Enfin, en 2012, une présentation du bassin méditerranéen oriental et de l'Égypte à l'époque romaine a été aménagée. Pour présenter ces antiquités au plus grand nombre de la manière la plus à jour et la plus adaptée possible dans une muséographie renouvelée, le musée du Louvre réfléchit à présent à la rénovation de ces salles, occasion d'un dialogue particulièrement stimulant avec les équipes du Met dont c'est précisément l'actualité.

De nos jours

Au service de tous, le département des Antiquités orientales œuvre à la conservation, à l'étude et à la présentation des collections en ayant à cœur de les rendre toujours plus accessibles en développant et diffusant les connaissances qui s'y rattachent. Alors que les acquisitions sont aujourd'hui rares – le dépar-

before becoming even more pronounced in 1992 and 1997, as part of the Grand Louvre project, which saw a large-scale redeployment of the collections, and particularly the creation of a courtyard dedicated to an evocation of Khorsabad. Finally, in 2012, a presentation of the Eastern Mediterranean Basin and Egypt in Roman times was added. To present these antiquities to the widest possible audience in the most up-to-date and appropriate way, the Louvre is now considering the renovation of these galleries, an opportunity to generate a stimulating dialogue with our counterparts at the Met who are currently considering similar issues.

Today

The Louvre's Department of Near Eastern Antiquities works to preserve, study, and present its collections, with the ambition to make them ever more accessible by developing and disseminating the related knowledge. While acquisitions are rare today—the department being extremely vigilant and

4. Évocation du palais de Darius Ier à Suse au sein des salles permanentes au musée du Louvre. *Evocating the palace of Darius I in Susa in the permanent galleries at the Louvre Museum.*

tement étant extrêmement vigilant et actif en matière de lutte contre le trafic illicite des œuvres d'art –, d'importants prêts de musées et pays partenaires, dont récemment les royaumes d'Arabie saoudite et de Bahreïn, permettent d'actualiser la présentation du Louvre pour un accès toujours plus juste aux différentes cultures du Proche-Orient antique, en l'occurrence celles plus récemment explorées et de ce fait moins représentées dans la collection historique du Louvre. Les expositions temporaires au Louvre ou en dehors permettent de révéler autrement de nouveaux aspects, de manière thématique ou diachronique. Centre de recherche, riche d'une documentation toujours développée depuis le XIXᵉ siècle avec notamment un trésor d'archives manuscrites et photographiques, le département collabore avec de nombreuses institutions de recherche françaises et étrangères et accueille chaque année des chercheurs venus du monde entier. Afin de poursuivre la recherche sur le terrain archéologique, le département codirige plusieurs fouilles, évoquées plus haut, outre de nombreuses participations, notamment à Lagash avec le Met. Parallèlement aux travaux scientifiques développés avec différents pays, la collaboration active au Proche-Orient consiste aussi pour une large part en coopérations avec les musées dont plusieurs tristement mis à mal, qu'il s'agisse d'aider à restaurer le musée national de Beyrouth après l'explosion du port, ou bien de la réhabilitation, en cours, du musée de Mossoul après son saccage par Daesh. Par ses missions d'enseignement et ses actions de diffusion, le département tâche également de sensibiliser aux périls encourus par les antiquités orientales et à leur importance. Ouvert à tous, aussi bien ceux qui découvrent ce type d'antiquités en visitant le Louvre, que des spécialistes, cinéastes, poètes, écrivains, etc., le département des Antiquités orientales du musée du Louvre développe, avec des artistes attachés au Proche-Orient dont c'est pour beaucoup le berceau, des projets aussi bien poétiques que plastiques pour toujours mieux (re)découvrir ces antiquités orientales.

Le Department of Ancient Near Eastern Art du Met, New York

Le département d'Art du Proche-Orient Ancien du Met conserve actuellement environ 7 000 œuvres, courant du VIIIᵉ millénaire avant notre ère jusqu'aux siècles immédiatement postérieurs à l'émergence de l'Islam, au VIIᵉ siècle de notre ère. Ces objets ont été

active in the fight against illicit trafficking of works of art–, major loans from museums and partner countries (most recently the kingdoms of Saudi Arabia and Bahrain) enable the Louvre to provide an ever more relevant and updated presentation of the different cultures of the ancient Near East, in this instance those more recently explored and therefore less represented in the Louvre's historical collection. Temporary exhibitions, inside and outside the Louvre, reveal new aspects of the region, both thematically and diachronically. As a research center, with a wealth to documentation dating back to the nineteenth century, including a treasure trove of textual and photographic archives, the department collaborates with French and foreign research institutions, and welcomes researchers from all over the world every year. To pursue research in the archeological field, the department is co-directing several excavations, as mentioned above, and actively participates in other projects, notably in Lagash with The Met. Alongside the scientific work carried out with various countries, active collaboration in the Middle East also largely involves cooperation with museums, many of which have suffered serious damage, from helping to restore Beirut's national museum after the explosion in the port, to the ongoing rehabilitation of Mosul's museum after it was ransacked by Daesh. Through its teaching and public activities, the department also strives to raise awareness on the importance of Near Eastern antiquities and the dangers facing them. The Louvre's Department of Near Eastern Antiquities is open to all: those who discover the Ancient Near Eastern Art when visiting the Louvre, to specialists, filmmakers, poets, writers, etc. The museum is developing poetic and visual projects with artists closely related to the Near East to help (re)discover those Near Eastern antiquities.

The Met's Department of Ancient Near Eastern Art, New York

The Met's Department of Ancient Near Eastern Art presently cares for approximately 7,000 works ranging in date from the eighth millennium B.C. through the centuries just beyond the emergence of Islam in the seventh century A.D. Objects in the collection were created by people in the area that

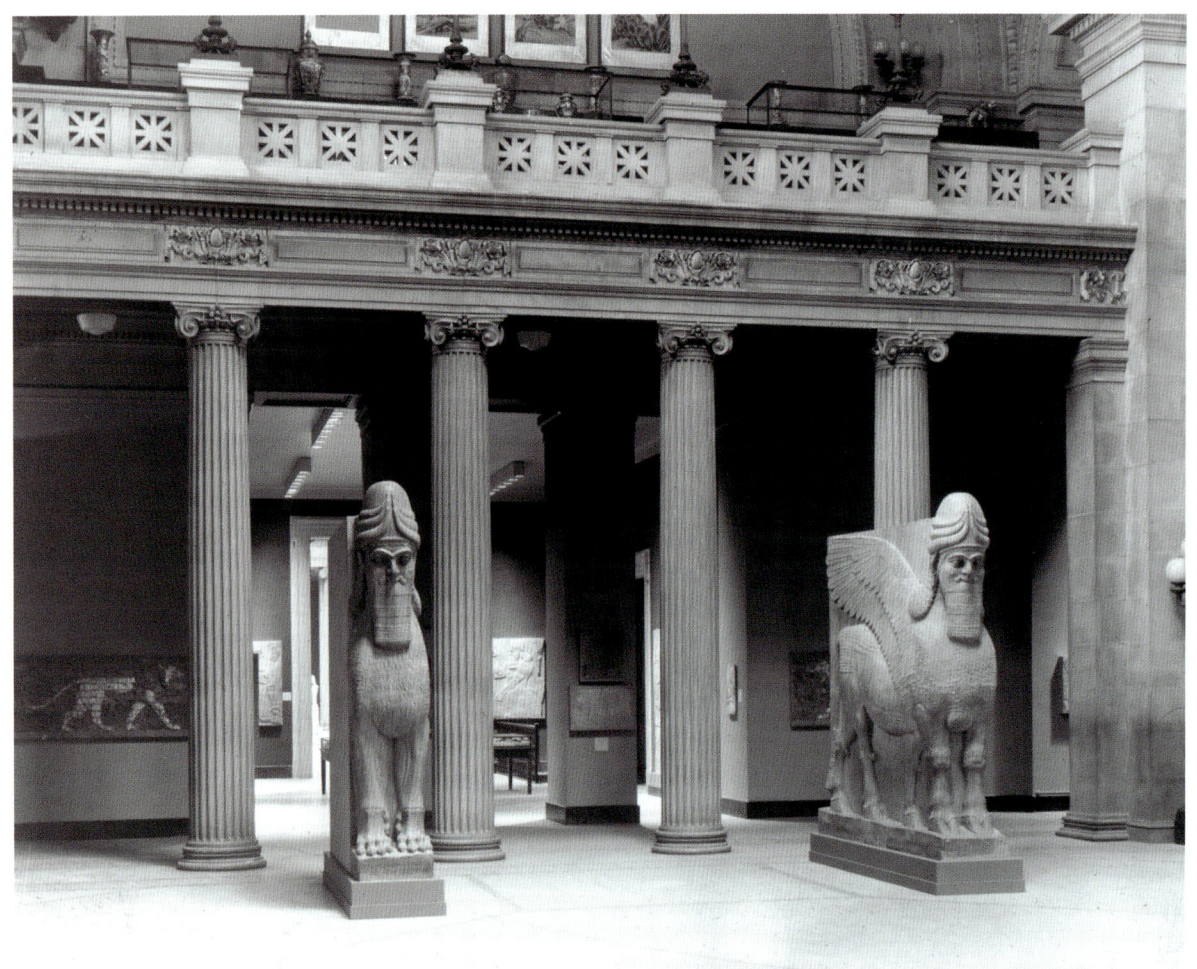

produits par les peuples d'une région comprenant aujourd'hui l'Irak, l'Iran, la Turquie, la Syrie, le Liban, Israël, la Palestine, la Jordanie, la péninsule Arabique et l'Asie centrale.

La fondation du Met à New York en 1870 avait pour but de créer une institution et une galerie d'art nationale offrant art et éducation artistique au peuple américain. Peu de temps après, le musée a commencé à collectionner des objets en provenance d'Asie occidentale, bien que le département d'Art du Proche-Orient Ancien n'ait officiellement vu le jour qu'en 1956. Parmi les premières acquisitions figuraient des documents en argile portant des inscriptions cunéiformes, ainsi que des sceaux-cylindres et des cachets, bientôt suivis par des reliefs sculptés assyriens, néo-hittites et palmyréniens. Des moulages (en plâtre et par galvanoplastie) d'œuvres conservées dans des collections européennes, dont le Louvre, furent également exposés pour présenter à un large public ces œuvres exceptionnelles et leur permettre d'inspirer artistes et artisans.

today comprises Iraq, Iran, Turkey, Syria, Lebanon, Israel, Palestine, Jordan, Arabian Peninsula, and Central Asia.

The Met was founded in 1870 in New York City for the purpose of creating a national institution and gallery of art to bring art and art education to the American people. Soon thereafter, the Museum began collecting art from ancient West Asia, although a formal Department of Ancient Near Eastern Art was not created until 1956. Clay documents inscribed with cuneiform as well as cylinder and stamp seals were among the earliest acquisitions followed by Assyrian, Neo-Hittite, and Palmyrene sculptural reliefs. Plaster casts and electrotypes of works of art in European collections, including the Louvre, were also displayed with the aim of presenting outstanding works to a broader public and to serve as inspiration for artists and manufacturers.

En 1917 et 1932, d'importants dons de sculptures architecturales monumentales provenant de la capitale assyrienne de Nimrud (l'antique Kalhu), dans le nord de l'Irak, firent leur entrée dans la collection du Met. Le premier don s'inscrivait dans la succession de J. P. Morgan, tout comme nombre d'autres objets remarquables couvrant un vaste éventail géographique et chronologique. Le second ensemble, offert par John D. Rockefeller Jr, avait été expédié en Angleterre dans les années 1840 et 1850 par Austen Henry Layard et installé dans une structure spécialement construite à Canford Manor (dans le Dorset), la demeure de Lady Charlotte Guest, cousine et soutien de Layard. Ces reliefs de Nimrud, d'abord installés dans le grand hall du Met, forment aujourd'hui le cœur des galeries du département d'Art du Proche-Orient Ancien, au deuxième étage, dans un espace conçu pour évoquer le cadre de leur palais d'origine.

La création en 1932 du département d'Art du Proche-Orient – comprenant des objets des époques préislamique et islamique – a entraîné une augmentation des acquisitions et a également coïncidé avec l'intérêt naissant du Met pour les fouilles archéologiques dans la région. Une campagne de fouilles organisée conjointement avec les musées d'État allemands sur le site parthe et sassanide de Ctésiphon (Irak) en 1931-1932 a ainsi permis d'ajouter des stucs et des céramiques à la collection. Le musée a acquis ces artefacts et d'autres objets de fouilles par le biais du

In 1917 and 1932 substantial gifts of monumental architectural sculptures from the Assyrian capital city of Nimrud (ancient Kalhu) in northern Iraq entered The Met's collection. The first group was gifted by the estate of J.P. Morgan along with a number of other notable objects from a wide geographical and chronological range. The second group, gifted by John D. Rockefeller, Jr., had been shipped to England in the 1840s and 1850s by Austen Henry Layard, and installed in a specially constructed structure built at Canford Manor in Dorset, the home of Lady Charlotte Guest, who was a cousin and supporter of Layard. These reliefs from Nimrud, which were first installed in the Great Hall of The Met, today form the core of the galleries for Ancient Near Eastern Art on the second floor in a space designed to evoke their original palace setting.

The establishment in 1932 of the Department of Near Eastern Art—comprising objects from both the pre-Islamic and Islamic eras—stimulated an increase in acquisitions and also coincided with The Met's emerging interest in archeological excavations in the region. One season of excavation organized jointly with the German State Museums at the Parthian and Sasanian site of Ctesiphon in Iraq in 1931-1932 resulted in additions of stucco and pottery to the collection. The Museum acquired these and other excavated objects through the system of partage in which artifacts unearthed by

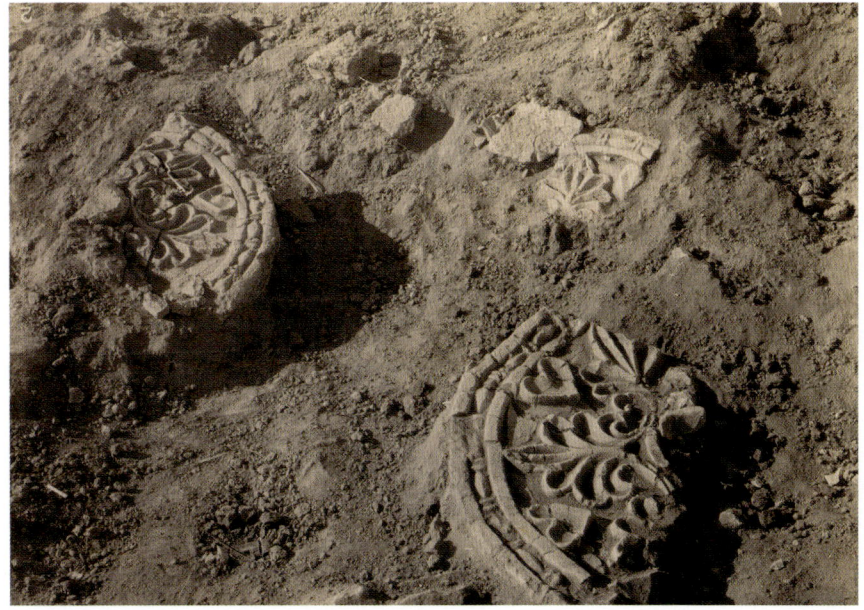

6. Stucs *in situ*, Taq-i Kisra, bâtiment sud, Ctésiphon, Irak. Expédition conjointe des Staatliche Museen, Berlin, et du Metropolitan Museum of Art, 1931-1932.
Stucco *in situ*, Taq-i Kisra, South Building, Ctesiphon, Iraq. Joint expedition of the Staatliche Museen zu Berlin and The Metropolitan Museum of Art, 1931-1932.

système du partage, suivant lequel les objets mis au jour par des expéditions étrangères étaient répartis entre les fouilleurs et le pays d'accueil ou d'origine, conformément à la législation locale sur les antiquités. Parfois représenté sur le terrain par une équipe de conservateurs et fournissant les fonds nécessaires à la fouille, le musée recevait en retour une partie des objets nouvellement découverts. D'autres d'objets issus de fouilles sont entrés dans la collection dans les années 1930-1940, que ce soit par le biais de dons, tel celui de la famille Colt qui avait soutenu et participé aux fouilles britanniques à Tell ed-Duweir (l'ancienne Lachish), situé aujourd'hui en Israël ; par achat, tels les objets provenant de Surkh Dum (Iran), mis au jour par la deuxième expédition Holmes parrainée par l'American Institute for Persian (puis Iranian) Art and Archaeology ; ou par échange, tels les objets découverts à Éridu (Irak) par l'Iraqi State Organization of Antiquities and Heritage et échangés avec des objets égyptiens du Met, qui sont ainsi entrés dans les collections du Musée national d'Irak.

La collection n'a dès lors cessé de s'enrichir, grâce à la participation aux fouilles (en particulier dans

foreign-led expeditions were divided between the excavators and the host or source country according to the local antiquities laws. Sometimes the Museum was represented in the field by curatorial staff and provided funding, receiving in return a portion of the finds. Other excavated objects entered the collection in the 1930s-1940s through gift, such as from the Colt family who had supported and participated in British excavations at Tell ed-Duweir (ancient Lachish), in present-day Israel; through purchase, such as objects from Surkh Dum in Iran which were excavated by the Second Holmes Expedition sponsored by the American Institute for Persian (later Iranian) Art and Archaeology; or by exchange, such as objects excavated at Eridu (Iraq) by the Iraqi State Organization of Antiquities and Heritage and exchanged with Egyptian objects from The Met which entered the collections of the Iraq Museum.

The collection continued to grow through participation in excavations, particularly in the 1950s and 1960s, at sites such as Nimrud, Nippur, and Hasanlu, and by the acquisition of objects that

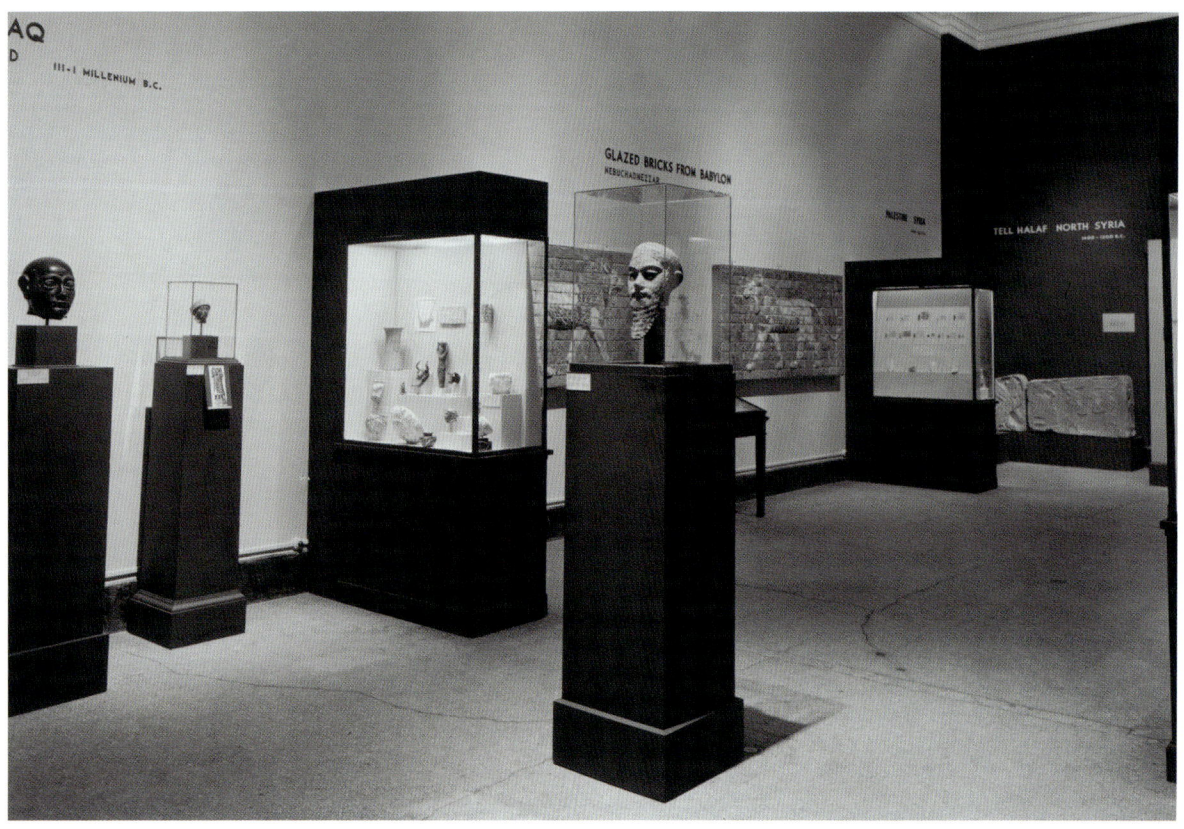

7. Nouvelle installation des antiquités du Proche-Orient, Galerie D8, The Metropolitan Museum of Art, 1949.
New installation of the Ancient Near Eastern antiquities, Gallery D8, The Metropolitan Museum of Art, 1949.

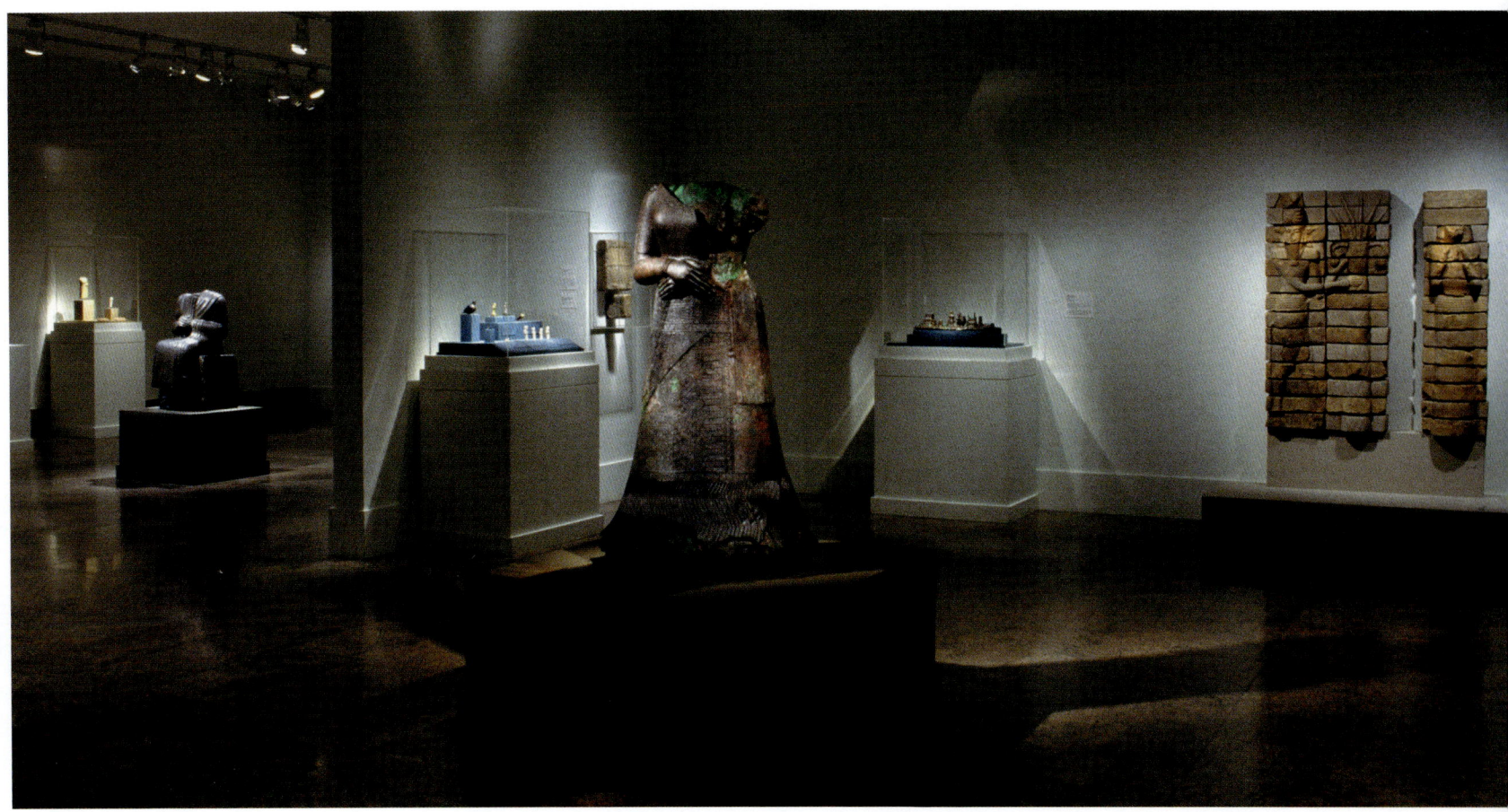

8. Vue de l'exposition « The Royal City of Susa » au Metropolitan Museum of Art, 1992-1993.
View of the exhibition "The Royal City of Susa" at The Metropolitan Museum of Art, 1992-1993.

les années 1950 et 1960) de sites tels que Nimrud, Nippur et Hasanlu, mais aussi grâce à l'acquisition d'objets donnés ou achetés. En 1947, l'achat de onze œuvres d'art provenant de la succession de Joseph Brummer (dont la tête de haut personnage au turban, cat. 3), dans le cadre d'une vente beaucoup plus importante au Met d'objets rassemblés par cet antiquaire de renommée internationale, allait ainsi transformer la nature et l'étendue de la collection du département. Forts d'une importante collection d'antiquités préislamiques d'Asie occidentale et d'un engagement constant sur le terrain archéologique au Moyen-Orient, les administrateurs du musée créaient en 1956 un département d'Art du Proche-Orient Ancien indépendant, placé sous la direction de Charles K. Wilkinson.

Aujourd'hui, la collection se compose d'environ un tiers d'objets issus de fouilles, d'un tiers d'objets entrés par donation et d'un tiers d'objets achetés. Désormais, le département d'Art du Proche-Orient Ancien ne cherche plus à acquérir des antiquités, mais espère se développer par d'autres moyens, avec pour ambition d'entretenir, de promouvoir et de rendre accessible l'art ancien d'Asie occidentale à New York

were gifted and purchased. In 1947 a significant acquisition transformed the nature and scope of the collection of the Department. This was a purchase of eleven works of art from the Estate of Joseph Brummer (including the Turbaned head of a ruler, see cat. 3), part of a much larger sale to The Met of objects assembled by this internationally known antiquarian. In 1956, with a sizable collection of pre-Islamic West Asian antiquities and a renewed commitment to archeological fieldwork in the Middle East, the Museum's Trustees established an independent Department of Ancient Near Eastern Art under the guidance of Charles K. Wilkinson.

Today the collection consists of roughly a third of excavated objects, a third acquired by gift and a third by purchase. More recently the Department of Ancient Near Eastern Art no longer seeks to acquire antiquities but hopes to grow in other ways with an aim to care for, promote, and provide access to ancient West Asian art in New York and around the world. Traditionally collecting ancient objects was seen as a major part of this work; however, in recent years the Department has increasingly turned its focus away from collecting and toward

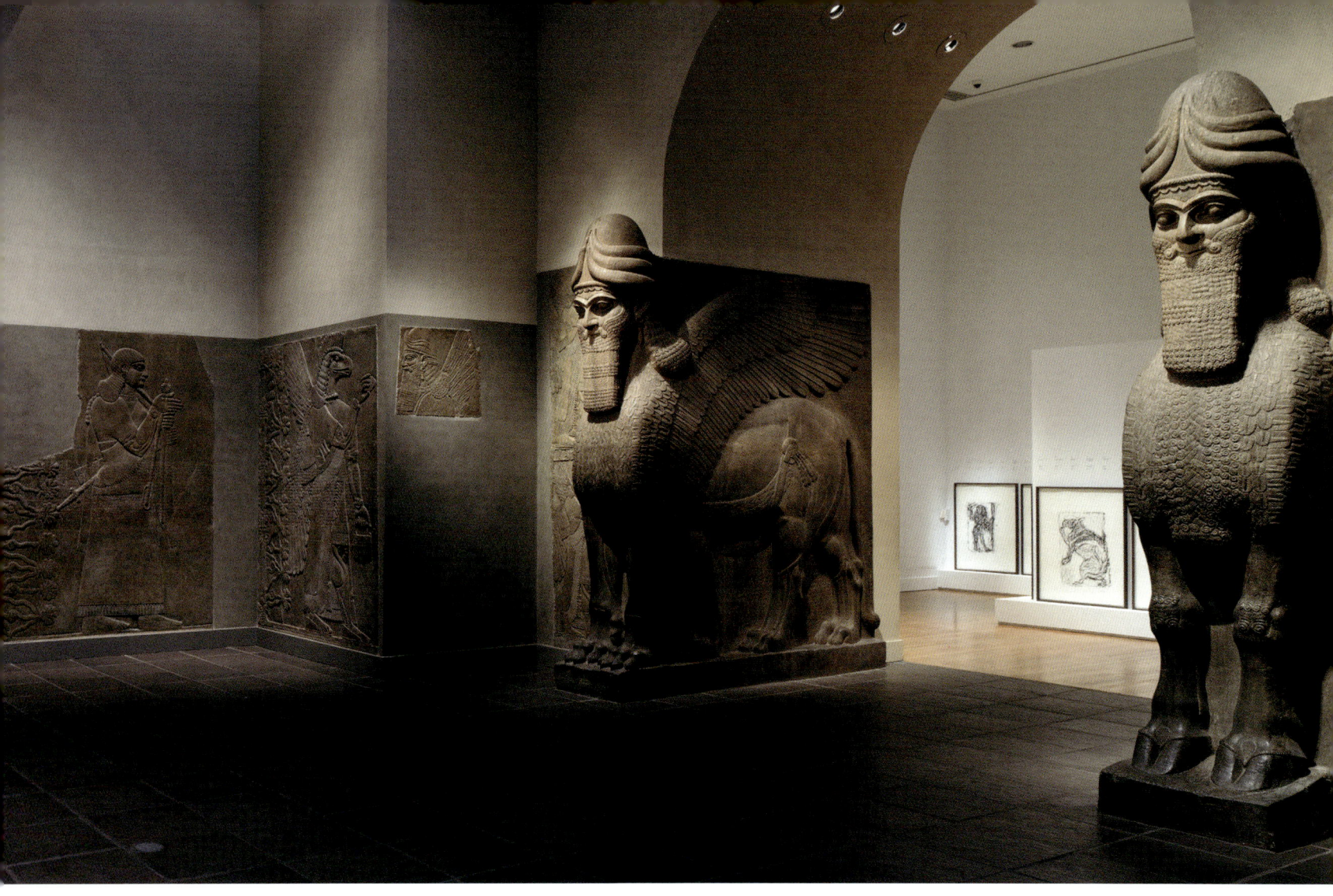

et dans le monde entier. Historiquement, la collecte d'objets anciens a toujours été considérée comme une partie importante de ce travail ; ces dernières années, cependant, le département s'est de plus en plus détourné de cette activité pour se consacrer à d'autres projets. Depuis 2003, une série d'expositions et de publications majeures se sont concentrées sur les interconnexions régionales à grande échelle qui, ensemble, ont contribué à façonner la discipline actuelle de l'histoire de l'art du Proche-Orient ancien. Le département continue également à s'impliquer dans la recherche universitaire et à soutenir le travail sur le terrain. Dans toutes ces activités, nous avons adopté une approche collaborative, consultant et invitant à participer nos collègues dans ce domaine, tant au niveau international qu'aux États-Unis. Actuellement, le département soutient le Lagash Archaeological Project de l'Université de Pennsylvanie sur le site d'al-Hiba en Irak. En outre, depuis 2017, le département s'attache de plus en plus à identifier

other projects. Beginning in 2003 a series of major exhibitions and publications focused on large-scale regional interconnections that together have helped to shape the contemporary field of Ancient Near Eastern Art. The Department also continues to be engaged in academic research and to support fieldwork. In all these activities a collaborative approach is taken, consulting with and inviting participation from our colleagues in the field internationally and in the United States. Currently the department supports the University of Pennsylvania's Lagash Archaeological Project at the site of al-Hiba in Iraq. Further, since 2017 it has been an increasingly important focus of the Department to identify and develop outreach initiatives in response to the urgent geopolitical crises affecting the Middle East. Partnering with contemporary artists from the region and organizations focused on heritage communities are just two examples of this kind of work. On a

9. Vue de l'exposition « Rayyane Tabet–Alien Property » au Metropolitan Museum of Art, 2019-2021.
Vue of the exhibition "Rayyane Tabet–Alien Property" at The Metropolitan Museum of Art, 2019-2021.

et à développer des initiatives de sensibilisation en réponse aux crises géopolitiques majeures affectant le Moyen-Orient. Collaborer avec des artistes contemporains issus de la région et avec des organisations dédiées aux communautés liées par leurs origines au patrimoine de ces régions ne sont que deux exemples de ce type de travail. Fondamentalement, le fait de nous engager dans un débat plus vaste, en dehors de notre propre département, revitalise notre travail et garantit qu'il demeure culturellement significatif. Notre action est tournée vers l'extérieur (c'est-à-dire vers les visiteurs de nos collections) tout en étant conçue comme un engagement réciproque. En collaborant avec un certain nombre d'organisations, le département s'implique dans un monde situé au-delà du musée, où les objets de notre collection vont pouvoir assumer d'importantes fonctions et vivre de nouvelles vies.

Tourné vers l'avenir, le département d'Art du Proche-Orient Ancien travaille actuellement au réaménagement et à la réinstallation de ses galeries. Ce projet est l'occasion, telle qu'il s'en présente une fois par génération, de repenser la façon de présenter les œuvres, de raconter de nouvelles histoires, plus captivantes, et d'aborder de manière plus critique l'histoire de la collection et la façon dont ces objets sont arrivés au Met. Les nouvelles galeries, dont l'ouverture est prévue en 2026, ont été conçues par le cabinet d'architectes NADAAA, basé à Boston et dirigé par le designer Nader Tehrani. Parmi les points forts, citons les éléments architecturaux, qui refléteront les matériaux de la région : argile, cuivre, bronze, or, argent et lapis-lazuli, ainsi qu'une rampe monumentale qui améliorera l'accès des visiteurs. De nouveaux modes d'exposition de la collection présenteront des récits de type anthologique et des histoires centrées sur les personnes, mettant en avant les ressources matérielles et les techniques fondamentales, les perspectives régionales, ainsi que la recherche des provenances et de transparence. Les nouvelles salles seront un espace d'accueil et de partage pour les communautés liées par leurs origines au patrimoine de ces régions. Elles permettront aussi de promouvoir le patrimoine de cette région fondamentale, suscitant un engagement profond et une expérience riche de sens pour tous les visiteurs.

fundamental level, engaging with a larger discourse outside our own department revitalizes our work and ensures it remains culturally significant. Engagement is not simply outward-focused—meaning, engaging visitors in our collections—but also reciprocal. Working collaboratively with a number of organizations, the Department engages with the world beyond the museum, where the objects in our collection serve important functions and take on new lives.

Looking to the future, the Department is currently at work on the redesign and reinstallation of the Galleries for Ancient Near Eastern Art. This once-in-a-generation project is an opportunity to rethink narratives around objects in the collection, to tell new and more compelling stories, and to discuss the history of collecting and how these objects came to be at The Met in a more critical way. The new galleries scheduled to open in 2026 are being designed by the Boston-based architectural firm NADAAA, led by principal designer Nader Tehrani. Highlights include architectural backdrops that reflect the materials of the region: clay, copper, bronze, gold, silver, and lapis lazuli as well as a monumental ramp that will improve access for visitors. New curatorial frameworks for the collection will present anthology-style storytelling and people-focused histories forefronting material resources and foundational technologies, regional perspectives, and provenance research and transparency. The new galleries will be a space to welcome the participation of heritage communities and promote the essential heritage of this formative region, creating a deeply engaging and meaningful experience for all visitors.

Near Eastern antiquities in dialogue: from The Met to the Louvre

Starting in February 2024 and due to last more than a year, the Louvre's Department of Near Eastern Antiquities hosts ten major works from The Met's Department of Ancient Near Eastern Art, whose galleries are currently closed for extensive renovation work. This installation continues the historic links between these two institutions, their collections, and their teams. The first shipments of objects between Paris and New York were plaster casts of works of art. Indeed, in the late nineteenth century, The Met built

Dialogues d'antiquités orientales : du Met au Louvre

À partir du mois de février 2024 et pour plus d'un an, le département des Antiquités orientales du Louvre accueille au sein de son parcours permanent dix œuvres majeures du Département d'Art du Proche-Orient Ancien du Metropolitan Museum of Art dont les salles sont actuellement fermées pour des travaux de rénovation globale. Cette installation perpétue les liens historiques entre ces deux institutions, leurs collections et leurs équipes. Les premiers envois d'objets entre Paris et New York consistèrent en moulages. En effet, à la fin du XIXᵉ siècle, le Met constitue une collection de plâtres d'après des originaux conservés dans les musées européens. Ainsi, à partir de 1892, des reproductions de statues de Gudea, de la frise des archers de Darius et des lions de Suse sont expédiées à New York. Depuis 1974, la statuette de Ur-Ningirsu II, dont la tête appartient au Met et le corps au Louvre, est l'objet d'un partage entre les deux musées qui lui permet d'être exposée entière, pour une périodicité de quatre ans, à Paris et à New York. Enfin, en 1992-1993, lors des travaux du Grand Louvre et de la rénovation du département des Antiquités orientales, l'exposition du produit des fouilles de Suse en Iran, « The Royal City of Susa », est organisée au Met.

La récente fermeture des salles du Department of Ancient Near Eastern Art est apparue comme une opportunité évidente pour une nouvelle collaboration, rappelant l'envoi au Louvre de « 30 chefs-d'œuvre des arts de l'Islam du Metropolitan Museum of Art de New York » en 2005-2006, à l'occasion de la création du nouveau département des Arts de l'Islam. Le Louvre a ainsi conçu avec le Met un dialogue inédit entre ces deux collections au sein des salles permanentes.

Datées entre la fin du IVᵉ millénaire avant J.-C. et le Vᵉ siècle de notre ère, les dix œuvres du Met introduisent des correspondances remarquables avec les collections du Louvre, soit qu'elles forment ensemble une paire exceptionnellement réunie à cette occasion, comme les lions d'Urkesh (cat. 7) soit qu'elles se placent dans un cadre archéologique plus vaste. La collection du Louvre étant en grande partie issue de fouilles archéologiques, certaines des œuvres invitées sont ainsi replacées au sein de séries archéologiques permettant de mieux

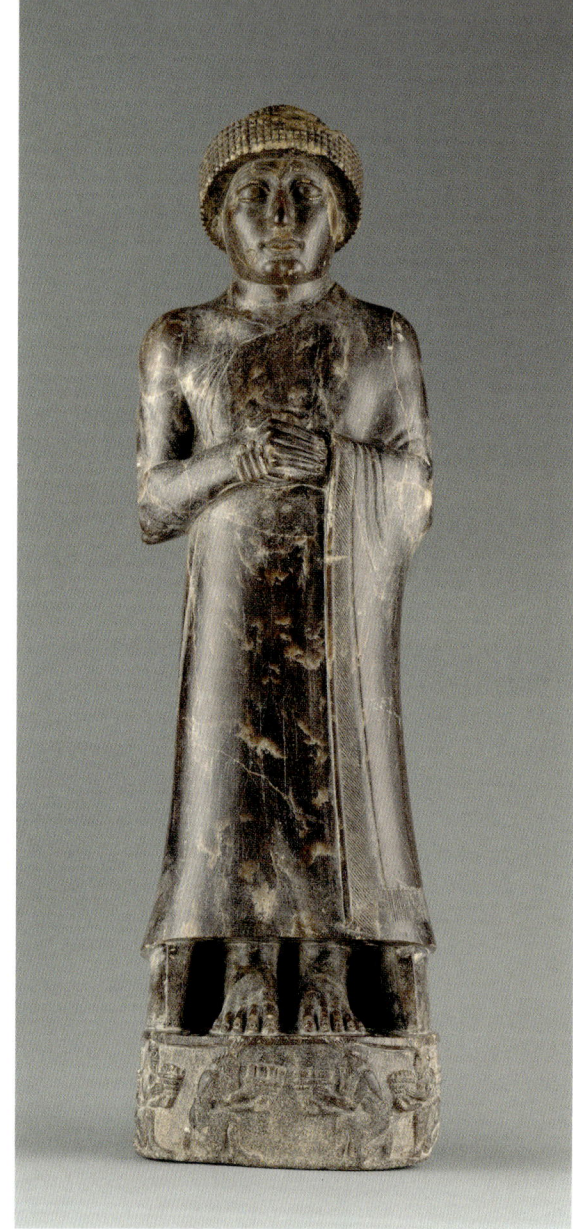

10. Statuette du prince Ur-Ningirsu II, fils de Gudea. Tello (ancienne Girsu), Irak, vers 2210-2105 avant J.-C., albâtre. Musée du Louvre (corps, inv. AO 9504) et The Metropolitan Museum of Art, Rogers Fund, 1947 (tête, inv. 47.100.86).
Statuette of Prince Ur-Ningirsu II, son of Gudea. Tello (ancient Girsu), Iraq, *ca.* 2210-2105 B.C., alabaster. Louvre Museum (body, inv. AO 9504) and The Metropolitan Museum of Art, Rogers Fund, 1947 (head, inv. 47.100.86).

up a collection of plaster casts based on originals held in European collections. Thus, from 1892 onwards, reproductions of statues of Gudea, the frieze of Darius' archers and the lions from Susa were sent to New York. Since 1974, the statuette of Ur-Ningirsu II, whose head belongs to The Met and body to the Louvre, has been shared between the two museums, enabling it to be exhibited in its entirety every four years in Paris and New York. In 1992-1993, during the construction of the Grand Louvre and the renovation of the Département des Antiquités orientales, The Met organized the exhibition "The Royal City of Susa" focused on the excavations at the site of Susa in Iran.

The recent closure of the Department of Ancient Near Eastern Art at The Met created an excellent opportunity for a new collaboration, reminiscent of the loan to the Louvre of "Thirty Masterpieces

les appréhender. En retour, des pièces uniques donnent un nouvel éclairage aux collections qui les entourent, comme le taureau sauvage agenouillé incarnant en trois dimensions les animaux représentés dans la glyptique proto-élamite (cat. 1). En raison de l'histoire propre de la constitution des collections du Met et de leur répartition – contrairement au Louvre, les collections chypriotes sont ainsi conservées à New York au Department of Greek and Roman Art – le dialogue se concentre particulièrement sur l'Iran et la Mésopotamie, points de rencontre les plus remarquables des deux collections.

De l'Asie centrale à la Syrie, en s'attardant donc en Iran et en Mésopotamie, ces dialogues d'œuvres, et plus largement de collections, permettent de (re)découvrir autrement ces pièces plurimillénaires et les histoires dont elles témoignent. C'est l'occasion d'échanger autour de ces objets connus, de renouveler le regard sur eux et la manière d'en parler, notamment en ce qui concerne leur provenance, et d'envisager de nouvelles perspectives. Enfin, cette présentation est une formidable opportunité d'exposer ces pièces au Louvre jusqu'à la réouverture des salles du Met en 2026 en leur permettant ainsi d'être admirées de tous avant de regagner New York.

of Islamic Art from The Metropolitan Museum of Art, New York" in 2005-2006 on the occasion of the creation of the new Department of Islamic Art. The Met and the Louvre have thus created a unique dialogue between their collections.

Dating between the end of the fourth millennium B.C. and the fifth century A.D., the ten Met works introduce remarkable correspondences with the Louvre's collections, either forming a pair exceptionally reunited on this occasion—such as the Urkesh lions (cat. 7)—or being placed in a wider archeological framework. As the Louvre's collection is largely derived from archeological excavations, some of these works are placed within archeological series for a better understanding. In turn, unique pieces from The Met shed new light on the collections that surrounds them, such as the Kneeling wild bull embodying in three dimensions the animals represented in proto-Elamite glyptic arts (cat. 1). Due to the nature of The Met's collections—unlike the Louvre, the Cypriot collections in New York are housed in the Department of Greek and Roman Art—the dialogue focuses particularly on Iran and Mesopotamia, the most outstanding meeting points of the two collections.

From Central Asia to Syria, with a special attention on Iran and Mesopotamia, these dialogues between works, and more broadly between collections, enable us to (re)discover these multi-millennia pieces and the history to which they testify. It is an opportunity to exchange views about these well-known objects, to take a fresh look at them and the way we approach them, particularly regarding their origin, and to consider new perspectives. Finally, this presentation offers a wonderful opportunity to exhibit these pieces at the Louvre until the galleries at The Met reopen in 2026, allowing them to be admired by as many people as possible before returning to New York.

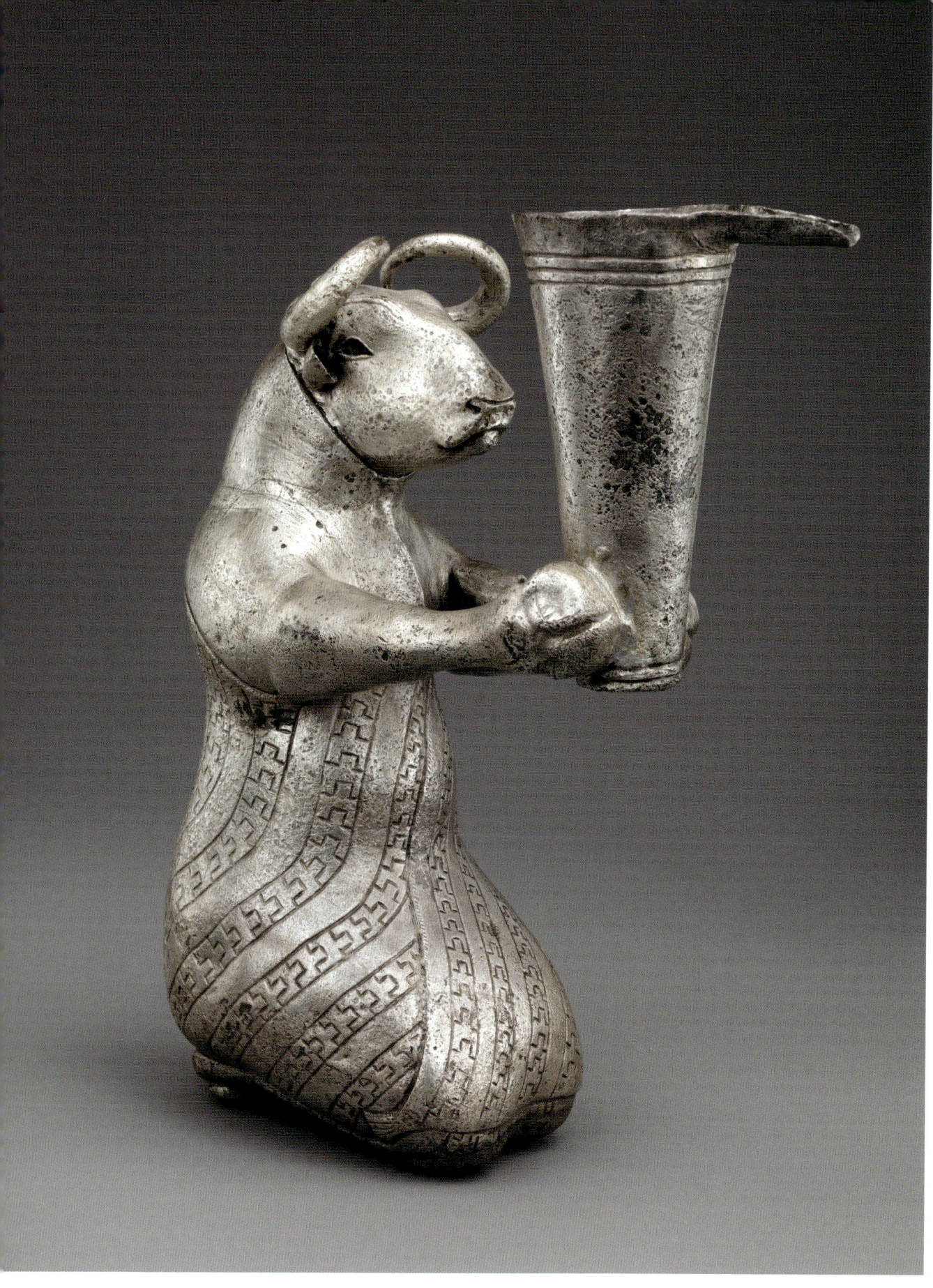

1 Taureau sauvage agenouillé tenant un vase à bec
Kneeling wild bull holding a spouted vessel

L'espèce animale choisie, l'attitude humaine, le soin apporté à la musculature et aux détails anatomiques, les motifs ornementaux de la tunique [1], le point de vue non frontal [2], les pattes arrière repliées sous l'arrière-train et succinctement exécutées, tout ici rattache cet objet exceptionnel [3] aux productions proto-élamites, datées de la toute fin du IVe millénaire avant notre ère.

Le phénomène culturel proto-élamite prend place en Iran entre 3200 et 3000 avant notre ère. Dans le vaste plateau iranien, de nombreux sites partagent alors un certain nombre de traits culturels communs, dont les textes proto-élamites, première attestation de l'écrit en Iran. L'art de cette période est quasi exclusivement connu

The choice of the animal species, the human pose, the attention given to the musculature and anatomical details, the ornamental patterns on the tunic,[1] the non-frontal viewpoint[2] and the succinctly executed hindlegs folded under its hindquarters, everything links this exceptional object[3] to the Proto-Elamite productions of the end of the fourth millennium B.C.

The Proto-Elamite cultural phenomenon took place in Iran between 3200 and 3000 B.C. Numerous sites on the vast Iranian plateau shared several common cultural traits, including Proto-Elamite texts, the first attestation of the written word in Iran. The art of this period is almost exclusively

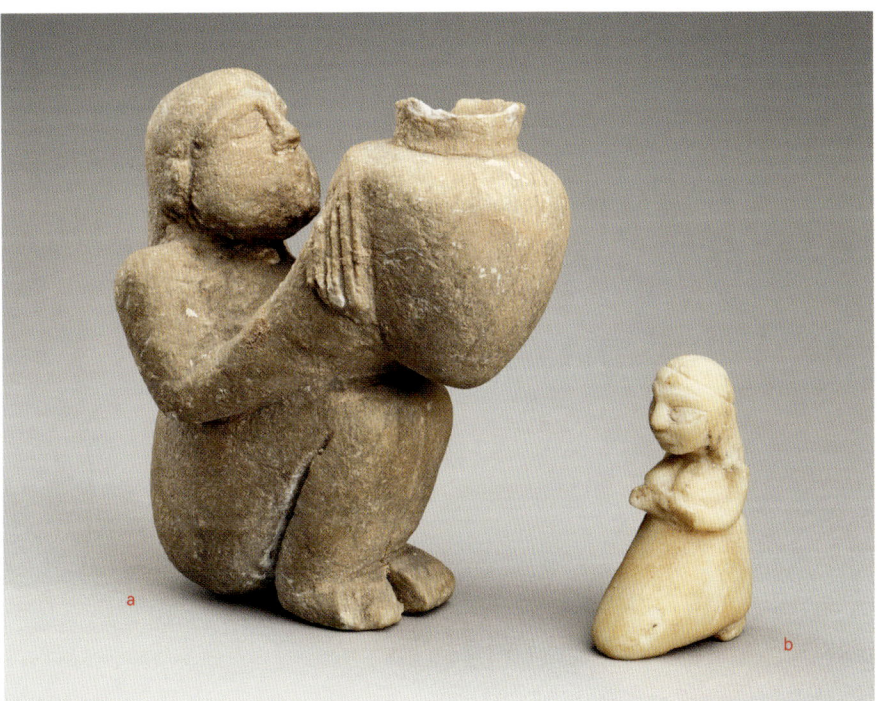

Fig. 1.2b

Musée du Louvre, département des Antiquités orientales, inv. Sb 70
H. 6,2 cm ; l. 4 cm ; ép. 4,5 cm

Orante

Albâtre
Époque d'Uruk récent, Suse II,
vers 3300 av. J.-C.
Iran, Suse, Acropole, 1er dépôt archaïque
Fouilles Roland de Mecquenem, 1909

Female worshiper

Alabaster
Late Uruk, Susa II, *ca.* 3300 B.C.
Iran, Susa, Acropolis, 1st archaic deposit
Roland de Mecquenem excavation, 1909

Fig. 1.2a

Musée du Louvre, département des Antiquités orientales, inv. Sb 71

H. 11,6 cm ; l. 6,3 cm ; ép. 10,5 cm

Orant au vase

Albâtre
Époque d'Uruk récent, Suse II, vers 3300 av. J.-C.
Iran, Suse, Acropole, 2e dépôt archaïque
Fouilles Roland de Mecquenem, 1909

Male worshiper holding a vessel

Alabaster
Late Uruk, Susa II, *ca.* 3300 B.C.
Iran, Susa, Acropolis, 2nd archaic deposit
Roland de Mecquenem excavation, 1909

par un corpus de sceaux-cylindres dits « classiques », apposés sur des tablettes inscrites en argile (fig. 1.3a-b). Cette œuvre en argent est donc un très précieux témoin de cette période ; elle atteste de l'existence de liens entre les diverses productions artisanales ainsi que d'une communauté culturelle proto-élamite.

Agenouillé dans une tunique longue et tendant entre ses sabots un haut vase à bec verseur, ce taureau sauvage ou auroch vient surtout illustrer un processus qui reste inexpliqué à ce jour[4] : le remplacement de la figure humaine par l'animal dans les représentations iconographiques lors de l'émergence du phénomène proto-élamite. Ceci a été largement commenté par la communauté scientifique[5]. L'idée d'y voir l'illustration de fables fantaisistes[6] ou de récits mythologiques[7] est aujourd'hui mise de côté au profit de celle d'une transcription du quotidien des sociétés proto-élamites, où les individus seraient incarnés par des animaux dans leurs activités économiques, sociales et politiques[8]. En effet, scènes d'élevage, d'agriculture, de manufacture ou encore d'administration inspirées de la période antérieure, dite « d'Uruk », sont reprises avec aurochs, lions ou encore bouquetins en lieu et place des hommes (fig. 1.4a-b).

known through a corpus of classic style cylinder seals, rolled onto inscribed clay tablets (fig. 1.3a-b). This silver piece is therefore an invaluable witness to this period, attesting to the existence of links between the various craft productions and of a Proto-Elamite cultural community.

Dressed in a long tunic and holding a high spouted vessel between its hooves, this kneeling wild bull or aurochs illustrates a process which remains unexplained to this day:[4] the replacement of human figures by animals in iconographic representations during the emergence of the Proto-Elamite phenomenon. This has been widely commented upon by scholars.[5] The idea that this was an illustration of fables or mythological tales has now been put aside in favor of these representations as illustrations of the everyday life of Proto-Elamite societies where animals took the place of people in their economic, social and political activities.[8] Indeed, scenes of animal husbandry, agriculture, manufacturing and administration inspired by the previous period, known as the "Uruk period," are reproduced with aurochs, lions or ibex taking the place of humans (fig. 1.4a-b).

Bibliographie
Bibliography

Alexander, 1970
S. M. Alexander, « X-ray Diffraction Analysis of the Corrosion Products », *Metropolitan Museum Journal* 3, 1970, p. 25-26.

Álvarez-Mon, 2020
Javier Álvarez-Mon, *The Art of Elam ca. 4200-525 BC*, Londres, Routledge, 2020.

Amiet, 1972
Pierre Amiet, *Glyptique susienne. Des origines à l'époque des Perses achéménides. Cachets, sceaux-cylindres et empreintes antiques découverts à Suse de 1913 à 1967* (Mémoires de la Délégation Archéologique en Iran, XLIII), Paris, Librairie Orientaliste Paul Geuthner, 1972.

Aruz, 2002
Joan Aruz, « Power and Protection. A Little Proto-Elamite Silver Bull Pendant », dans E. Ehrenberg (dir.), *Leaving no stones unturned. Essays on the ancient Near East and Egypt in honor of Donald P. Hansen*, University Park, Eisenbrauns, 2002, p. 1-14.

Benoit, 1992
Agnès Benoit, « The Two Archaic Deposits », dans P. O. Harper, J. Aruz et F. Tallon (dir.), *The Royal City of Susa. Ancient Near Eastern treasures in the Louvre*, New York, The Metropolitan Museum of Art, 1992, p. 58-67.

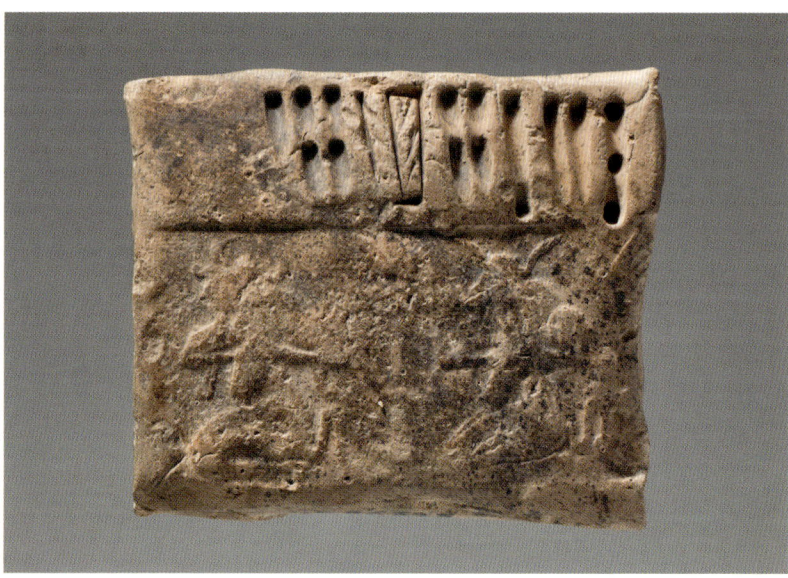

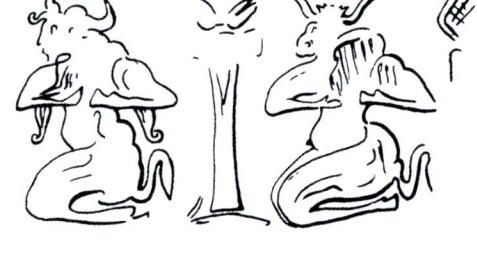

Fig. 1.3a-b

Musée du Louvre, département des Antiquités orientales, inv. Sb 6393

H 5,7 cm ; l. 7 cm

Tablette avec empreinte de sceau : taureaux sauvages agenouillés

Argile
Époque proto-élamite, Suse III, vers 3000 av. J.-C.
Iran, Suse
Fouilles Jacques de Morgan, 1907

Tablet with seal impression: kneeling wild bulls

Clay
Proto-Elamite, Susa III, *ca.* 3000 B.C.
Iran, Susa
Jacques de Morgan excavation, 1907

La mise en dialogue de cette œuvre avec les séries archéologiques présentées au Louvre permet de documenter cette mutation des codes iconographiques entre les périodes d'Uruk et proto-élamite via d'autres médiums que les sceaux (fig. 1.3 et 1.4). En effet, l'auroch en argent fait écho à une production antérieure de petits orants en albâtre, exposés au Louvre après leur découverte à Suse et datés de la période d'Uruk. Deux d'entre eux sont particulièrement éloquents. Le premier, un orant accroupi, tient un vase au niveau de son visage (fig. 1.2a). Comme pour l'auroch en argent, le vase vient cacher le visage vu de face, incitant à un point de vue latéral. Une deuxième figurine, féminine cette fois, est agenouillée dans sa jupe, les jambes enveloppées dans l'étoffe et donc négligées par l'artisan, dans la même position que l'auroch (fig. 1.2b). Retrouvés dans des dépôts dits « archaïques », interprétés comme rituels [9], ces témoignages comptent parmi les plus anciens d'une pratique courante au Proche-Orient ancien : vouer sa représentation en prière, afin d'en entretenir les bienfaits symboliques. Ici l'auroch reprend l'attitude des deux orants et pourrait ainsi avoir la même vocation : incarner l'individu dans le culte, avec cette spécificité proto-élamite de l'animal se substituant à l'homme.

La fonction de l'objet n'est pas claire mais il contenait cinq galets. Il a donc été interprété comme un instrument à bruits ou « crécelle [10] », hypothèse en

The dialogue between this artwork and the archeological series displayed at the Louvre documents this mutation of iconographic conventions between the Uruk and Proto-Elamite periods through more diversified media than only seals. Indeed, the silver aurochs echoes an earlier production of small alabaster worshipers from the Uruk period which have been displayed at the Louvre since their discovery at Susa. Two of them are particularly telling. The first one is a squatting worshiper holding a vessel at face level (fig. 1.2a). As with the silver aurochs, the vessel obscures the face, encouraging a profile view. A second figurine, this time female, kneels in a skirt, her legs wrapped in fabric and thus neglected by the craftsman, in the same position as the aurochs (fig. 1.2b). Found in so-called "archaic" deposits and interpreted as ritualistic,[9] these are among the earliest testimonies to a common practice in the ancient Near East: dedicating one's representation in prayer, in order to maintain its symbolic benefits. Here, the aurochs echoes the attitude of the two worshipers and could thus have the same purpose: to embody the individual worship, with the Proto-Elamite specificity of animals that were substituted for humans.

The function of the kneeling aurochs is unclear, but it contained five pebbles. It has therefore been

Dahl, 2006
Jacob Dahl, « Proto-Elamite Sign List », *Cuneiform Digital Library Journal* 1-60 [réf. du 10 octobre 2023], 2006. Disponible sur : https://cdli.ox.ac.uk/wiki/proto-elamite.

Dahl, 2014
Jacob Dahl, « The Proto-Elamite Seal MDP 16, pl. XII fig. 198 », *Cuneiform Digital Library Notes* [réf. du 8 mars 2022], 2014/1. Disponible sur : https://cdli-dev.mpiwg-berlin.mpg.de/articles/cdln/2014-1.

Dahl, 2019
Jacob Dahl, *Tablettes et fragments proto-élamites* (Textes cunéiformes du Louvre 32), Paris, Khéops et Louvre éditions, 2019.

Dahl, 2023
Jacob Dahl, « Chapter Fifteen. The Heraldry of Early Iranian Religion », dans N. Laneri et S. R. Steadman (dir.), *The Bloomsbury handbook of material religion in Ancient Near East and Egypt*, 2023, p. 213-224.

Hansen, 1970
Donald Hansen, « A Proto-Elamite Silver Figurine in The Metropolitan Museum of Art », *Metropolitan Museum Journal* 3, 1970, p. 5-14.

Le Breton, 1957
Louis Le Breton, « The Early Period at Susa. Mesopotamian Relations », *Iraq* 19, 1957, p. 79-124.

Lefferts, 1970
Kate C. Lefferts, « Technical Examination », *Metropolitan Museum Journal* 3, p. 15-24.

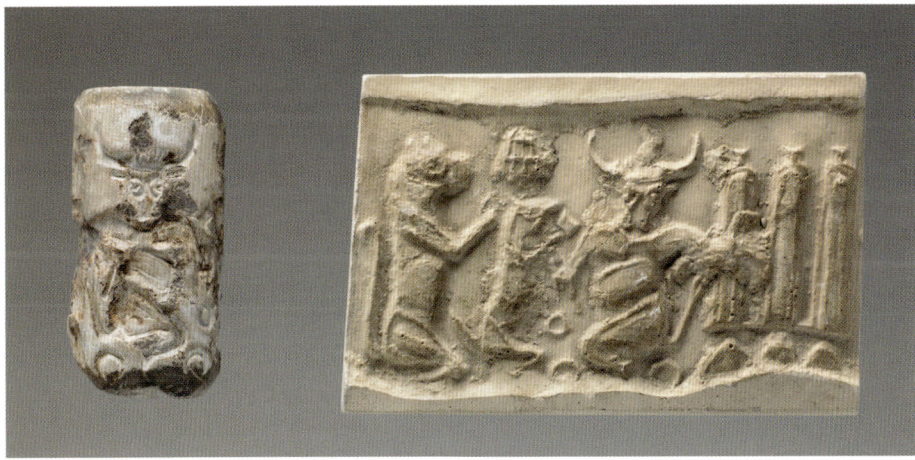
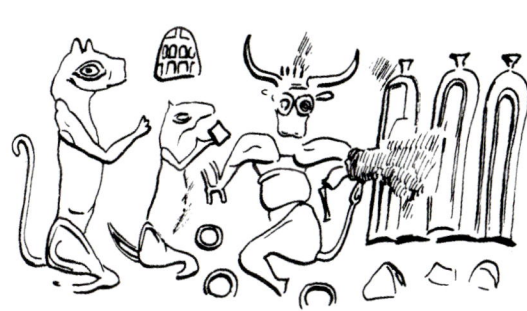

Fig. 1.4a-b

Musée du Louvre, département des Antiquités orientales, inv. Sb 2427

H. 4,2 cm ; diam. 2,2 cm

Sceau-cylindre : scène administrative avec taureau sauvage agenouillé

Stéatite blanche
Époque proto-élamite, Suse III, vers 3000 av. J.-C.
Iran, Suse
Fouilles Jacques de Morgan, 1910

Cylinder seal: administrative scene with a kneeling wild bull

Glazed steatite
Late Uruk, Susa III, *ca.* 3000 B.C.
Iran, Susa
Jacques de Morgan excavation, 1910

partie confirmée par le fait qu'il devait obligatoirement être maintenu [11]. Par ailleurs, des restes de tissus observés sur les parois suggèrent un enfouissement intentionnel, certainement au sein d'un dépôt rituel, comme pour les orants du Louvre. Il s'agirait donc peut-être d'un instrument rituel. Les représentations du rite étant extrêmement rares sur les sceaux proto-élamites, cette crécelle en argent pourrait matérialiser une forme d'adéquation entre décor et support, entre représentation et fonction : les sceaux, outils de gestion par excellence, étaient manifestement les vecteurs privilégiés des activités économiques, administratives ou politiques, tandis que les activités rituelles trouvaient une place plus légitime sur des objets eux-mêmes rituels, qui plus est en matériaux précieux tels que l'argent.

Cette œuvre témoigne aussi d'un artisanat de grande qualité. Plusieurs feuilles d'argent ont été laminées pour obtenir la forme générale puis subtilement retravaillées avec la technique du repoussé et un ciselage adroit pour les détails de l'anatomie et du vêtement. Tête et vase ont été travaillés séparément puis soudés au reste du corps, tandis que les yeux étaient très certainement incrustés. Au-delà du talent manifeste des artisans de l'époque, ce bien luxueux donne aussi un rare aperçu des biens de prestige des élites de l'époque proto-élamite.

Clélia Paladre

interpreted as a noise-making instrument or "rattle,"[10] a hypothesis partly confirmed by the fact that it had to be held.[11] Remains of cloth on its exterior suggest an intentional burying, certainly as part of a ritual deposit, as in the case of the Louvre orants. It could therefore be a ritual instrument. As representations of rituals are extremely rare on Proto-Elamite seals, this silver rattle could materialize a form of adequacy between decor and medium, representation and function: seals, management tools par excellence, were clearly the preferred medium for economic, political and administrative activities, while ritual activities found a more legitimate place on objects that were themselves ritual, and moreover made of precious metal such as silver.

This artwork also testifies to high quality craftsmanship. Several silver sheets were joined to obtain the general shape, then subtly reworked, embossed and finely chiseled for the details of the anatomy and clothing. The head and the vase were worked on separately and then soldered to the body, while the eyes were most certainly inlaid. Beyond the obvious skill of the craftsmen of this period, this luxurious object provides a rare insight into the prestige possessions of the Proto-Elamite elites.

Clélia Paladre

Matthews et Fazeli Nashli, 2022
Roger Matthews et Hassan Fazeli Nashli, « Iran's First State? The Proto-Elamite Horizon, 3200-2900 BC », dans R. Matthews et H. Fazeli Nashli (dir.), *The archaeology of Iran from the Paleolithic to the Achaemenid Empire*, New York, Routledge World Archaeology, 2022, p. 188-235.

Mecquenem, 1911
Roland de Mecquenem, « Vestiges de constructions élamites », *Recueil de travaux relatifs à la philologie et à l'archéologie égyptiennes et assyriennes* 33, 1911, p. 38-55.

Paladre, à paraître
Clélia Paladre, « Where Are the Proto-Elamites? Exclusion of Humans from the Proto-Elamite Classic Glyptic Style », dans S. J. Scott et O. Topçuoğlu (dir.), *The Routledge companion to seals and seal studies in Antiquity. New approaches to Mediterranean and West Asian visual culture*, Londres, Taylor & Francis Group, à paraître.

Pittman, 1992
Holly Pittman, « The Proto-Elamite Period », dans P. O. Harper, J. Aruz et F. Tallon (dir.), *The Royal City of Susa. Ancient Near Eastern treasures in the Louvre*, New York, The Metropolitan Museum of Art, 1992, p. 68-77.

Pittman, 2003
Holly Pittman, « The Proto-Elamite Period », dans J. Aruz (dir.), *Art of the first cities. The third millennium B.C. from the Mediterranean to the Indus*, New York, The Metropolitan Museum of Art, 2003, p. 42-48.

Porada, 1950
Edith Porada, « A Leonine Figure of the Protoliterate Period of Mesopotamia », *Journal of the American Oriental Society* 70, 1950, p. 223-226.

---

1. Le motif du degré est utilisé de manière récurrente pour symboliser la montagne sur les sceaux proto-élamites et sa forme elle-même renvoie au signe proto-élamite M393~b (voir DAHL, 2006).

2. Si D. Hansen avait souligné la rareté des représentations de profil ou de trois quarts au Proche-Orient (1970, p. 7), ceci est pourtant la norme dans l'art proto-élamite, qu'il s'agisse de sceaux-cylindres ou de petite statuaire (voir notamment la Lionne de Guennol, PITTMAN, 2003, p. 45).

3. Pour une étude complète de l'œuvre, voir HANSEN, 1970 ; LEFFERTS, 1970 ; ALEXANDER, 1970.

4. Sur cette question voir PALADRE, à paraître.

5. Voir DAHL, 2014 ; DAHL, 2019 : p. 67 et 90-91 ; DAHL, 2023 : p. 220 ; MATTHEWS et FAZELI NASHLI, 2022 : p. 200 et 231.

6. AMIET, 1972, p. 132 ; ÁLVAREZ-MON, 2020, p. 69.

7. PORADA, 1950, p. 225 ; HANSEN, 1970 ; AMIET, 1972, p. 132 ; ARUZ, 2002, p. 8 ; MATTHEWS et FAZELI NASHLI, 2022, p. 202.

8. PITTMAN, 1992, p. 75-76 ; PITTMAN, 2003 ; DAHL, 2014 ; DAHL, 2023, p. 217 et 222 ; PALADRE, à paraître.

9. Sur les deux « dépôts archaïques » de Suse, voir MECQUENEM, 1911, p. 53 ; LE BRETON, 1957, p. 109 ; BENOIT, 1992.

10. PITTMAN, 2003, p. 43.

11. Les sabots arrière forment en effet une courbure, de sorte que la figure reste instable et n'aurait jamais pu se tenir sur une surface plane.

1. The stepped pattern is used repeatedly to symbolize mountains on Proto-Elamite cylinder seals and its very shape refers back to the Proto-Elamite sign M393~b (see DAHL, 2006).

2. Even though D. Hansen had pointed out the rarity of profile or three-quarter in the Near East (1970, p. 7) yet, this is the norm in Proto-Elamite art—whether on cylinder seals or small statuary (see in particular the Guennol Lioness, PITTMAN, 2003: p. 45).

4. For a complete study of the work, see HANSEN, 1970; LEFFERTS, 1970; ALEXANDER, 1970.

4. On this subject, see PALADRE, forthcoming.

5. See DAHL, 2014; DAHL, 2019: p. 67 and 90-91; DAHL, 2023: p. 220; MATTHEWS and FAZELI NASHLI, 2022: p. 200 and 231.

6. AMIET, 1972: p. 132, ÁLVAREZ-MON, 2020: p. 69.

7. PORADA, 1950: p. 225; HANSEN, 1970; AMIET, 1972: p. 132; ARUZ, 2002: p. 8; MATTHEWS and FAZELI NASHLI 2022: p. 202.

8. PITTMAN, 1992: p. 75-76; PITTMAN, 2003; DAHL, 2014; DAHL, 2023: p. 217, 222; PALADRE, forthcoming.

9. On the two "archaic deposits" of Susa, see MECQUENEM, 1911: p. 53; LE BRETON, 1957: p. 109; BENOIT, 1992.

10. PITTMAN, 2003: p. 43.

11. The rear hooves form a curve, so that the figure remains unstable and would never have been able to stand on a flat surface.

2 Stèle dite « d'Ushumgal et de Shara-igizi-Abzu »
Stele of Ushumgal and Shara-igizi-Abzu

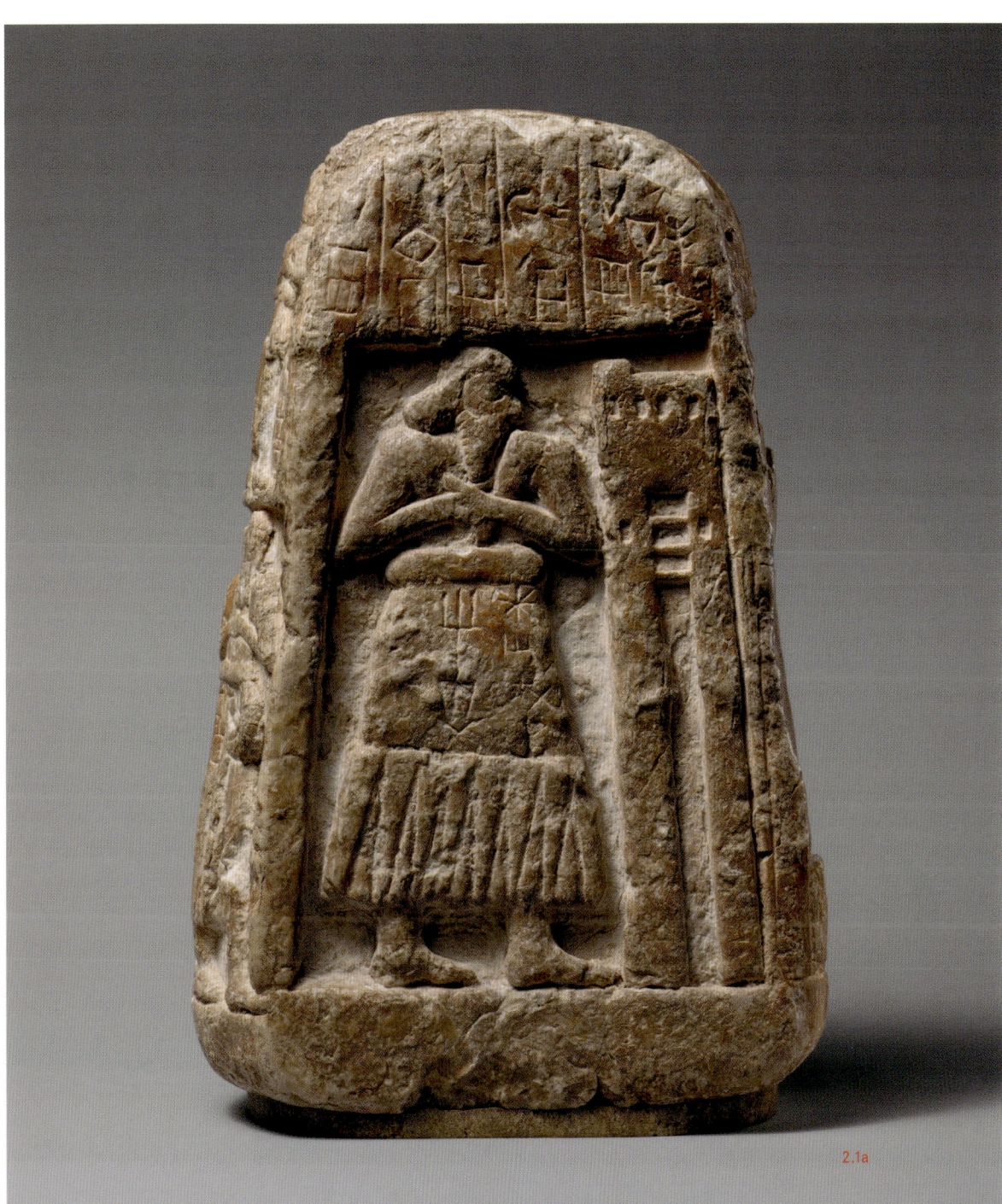

Fig. 2.1a–d

The Metropolitan Museum of Art,
Department of Ancient Near Eastern Art ;
funds from various donors, 1958, inv. 58.29

H. 22,4 cm ; l. 14,7 cm

**Stèle dite « d'Ushumgal et
de Shara-igizi-Abzu »**

Albâtre gypseux
Époque sumérienne dite
des « Dynasties archaïques », phase I,
vers 2900-2700 av. J.-C.
Irak, Tell Jokha (Mésopotamie, ancienne
Umma) ?
Vers 1937-1938, Paul Godin, Paris ; dans
les années 1940, Elias S. David, New York ;
achat, Elias S. David, New York, 1958

**Stele of Ushumgal
and Shara-igizi-Abzu**

Gypsum alabaster
Early Dynastic I, ca. 2900–2700 B.C.
Iraq, Tell Jokha (Mesopotamia,
ancient Umma)?
By 1937-1938, Paul Godin, Paris;
by 1940s, Elias S. David, New York;
purchase, Elias S. David, New York, 1958

2.1a

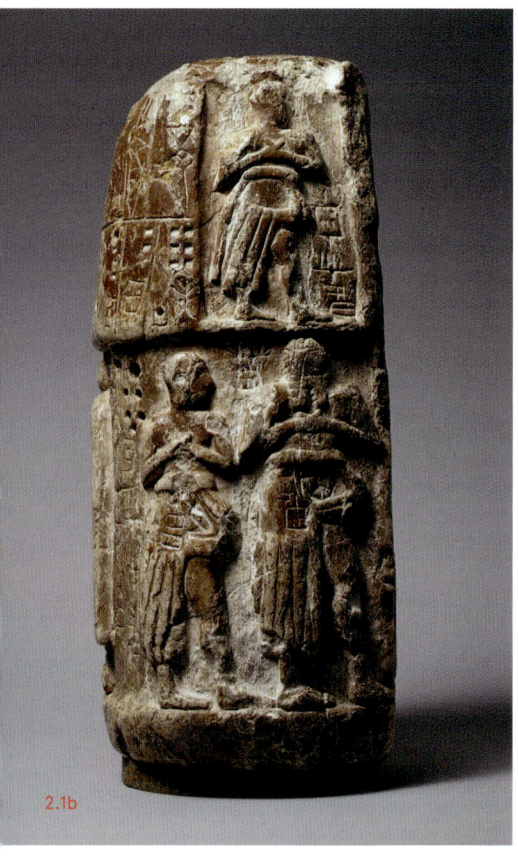

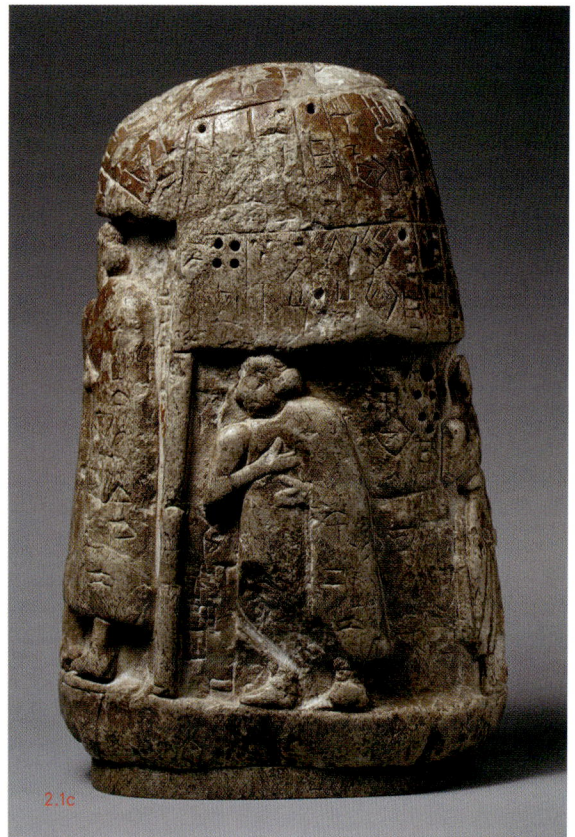

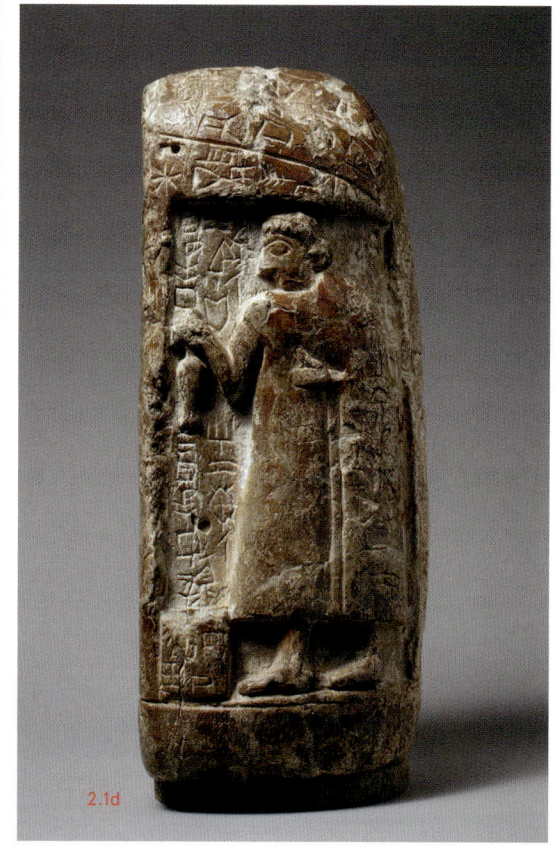

2.1b

2.1c

2.1d

Cette stèle en pierre, sculptée en relief et couverte d'inscriptions cunéiformes gravées, relate une transaction foncière. Gravée sur ses quatre faces, seule la principale, sur laquelle apparaît Ushumgal, est plate, les trois autres sont légèrement bombées, ainsi que le sommet. L'image se développe sur toutes les faces de la stèle. Elle montre six individus, dont deux sont représentés de taille plus importante, devant un bâtiment monumental. Chaque individu est clairement identifié par des signes cunéiformes gravés sur ses vêtements. Le personnage principal est Ushumgal, prêtre du temple de Shara (le dieu d'Umma). De profil à droite, barbu, les cheveux tombant aux épaules, il est torse nu et vêtu d'une jupe ; une étoffe est posée sur son épaule gauche. Ses mains sont croisées sur le torse, dans la posture habituelle des individus en prière, donnant ainsi une dimension religieuse à la scène. Le bâtiment à côté de lui, qu'il s'agisse d'un temple ou d'une porte de ville, pourrait symboliser la transaction financière que commémore la stèle, puisque c'est en ces lieux, selon la coutume, que les serments et les transactions légales étaient réalisés.

Carved in relief and covered with engraved cuneiform inscriptions, this stone stele records a land transaction. Engraved on all four sides, only the main one, which features Ushumgal, is flat, while the other three are slightly curved, as is the top. The imagery unfolds on all sides of the stele. It shows six individuals, two of whom are depicted in larger size, in front of a monumental building. Everyone is clearly identified by cuneiform signs engraved on their clothes. The main figure is Ushumgal, priest of the temple of Shara (the god of Umma). In profile facing to the right, bearded, with his hair falling to his shoulders, he is bare-chested and wearing a skirt; a cloth is draped over his left shoulder. His hands are clasped over his torso, in the usual posture of people at prayer, giving a religious dimension to the scene. The building beside him, whether a temple or a city gate, could symbolize the financial transaction commemorated by the stele, since it was here, according to custom, that oaths and legal transactions were carried out. Opposite Ushumgal, on the other side, is a female figure, slightly taller than Ushumgal, identified as his

Bibliographie
Bibliography

Evans, 203
Jean M. Evans, « Stele of Ushumgal », dans J. Aruz, avec R. Wallenfels (dir.), *Art of the first cities. The third millennium B.C. from the Mediterranean to the Indus* (catalogue d'exposition, New York, The Metropolitan Museum of Art, 8 mai – 17 août 2003), New York, New Haven et Londres, The Metropolitan Museum of Art et Yale University Press, 2003, n° 20, p. 53, fig. 22.

Gelb *et al.*, 1991
Ignace J. Gelb, Piotr Steinkeller et Robert M. Whiting, *Earliest land tenure systems in the Near East. Ancient kudurrus* (Oriental Institute Publications 104), Chicago, The Oriental Institute of the University of Chicago, n° 12, p. 43-47, pl. 14-17.

Parrot, 1937-1939
André Parrot, « Kudurru archaïque provenant de Senkereh », *Archiv für Orientforschung* 12, 1937-1939, p. 319-324.

Fig. 2.2

Musée du Louvre, département
des Antiquités orientales, inv. AO 20146

H. 25,5 cm ; l. 10,9 cm

**Statuette d'orant vouée
par le prince Ginak**

Calcaire
Époque sumérienne dite
des « Dynasties archaïques »,
phase II, vers 2700-2600 av. J.-C.
Irak (ancienne Mésopotamie)
Collection Robert Schuhmann ;
don, Société des Amis du Louvre, 1951

**Statuette of a worshiper
dedicated by Prince Ginak**

Limestone
Early Dynastic II, ca. 2700-2600 B.C.
Iraq (ancient Mesopotamia)
Robert Schuhmann collection;
gift, Société des Amis du Louvre, 1951

Rakic, 2012
Yelena Rakic, « Estela de
Ušumgal », dans *Antes del diluvio.
Mesopotamia 3500-2100 A.C.*
(catalogue d'exposition, Barcelone,
CaixaForum, 30 novembre 2012
– 24 février 2013), Madrid, Caixa-
Forum, 27 mars – 30 juin 2013,
Barcelone, Polígrafa, 2012, p. 226.

Tamur, 2022
Erhan Tamur, « Stele of Shara-
igizi-Abzu », dans S. Babcock et
E. Tamur (dir.), *She who wrote.
Enheduanna and women of
Mesopotamia ca. 3400-2000 BC*
(catalogue d'exposition, New York,
The Morgan Library & Museum,
14 octobre 2022 – 19 février 2023),
New York, The Morgan Library &
Museum, 2022, cat. 38, p. 150-151.

Wilkinson, 1958
Charles K. Wilkinson, « Ancient Near
Eastern Art », *The Metropolitan
Museum of Art Bulletin* 17 (2), 1957-
1958, p. 40-41.

En face d'Ushumgal, sur l'autre face, se trouve un personnage féminin, légèrement plus grand qu'Ushumgal, qui est identifié comme étant sa fille, Shara-igizi-Abzu. De profil à gauche, elle est vêtue d'un long manteau et tient devant elle un vase, du même type que ceux utilisés pour les libations, réaffirmant le caractère religieux à la scène. À ses pieds se trouve un récipient. Sur les deux autres faces sont représentés quatre individus, trois hommes de profil à droite, et une femme de profil à gauche, à une échelle plus petite qu'Ushumgal et sa fille. La femme est vêtue comme Shara-igizi-Abzu. Les trois hommes, quant à eux, ont les mains jointes sur le torse, comme Ushumgal. Ils sont également torse nu et portent une jupe spécifique, faite de plusieurs longs pans, dont ceux de devant sont ramenés vers le haut et maintenus dans la ceinture ; cette mode très particulière pourrait être spécifique de la région de Kish. En dépit de la forme de la stèle et de ses quatre faces sur lesquelles se développent tant bien que mal l'iconographie et les inscriptions, l'orientation du profil des individus ainsi que leur échelle permettent d'interpréter la scène comme une transaction entre Ushumgal et sa fille, devant un bâtiment, chacun accompagné de leurs témoins.

L'iconographie de cette stèle, qui remonte certainement au début du IIIe millénaire avant J.-C., s'inscrit pleinement dans la tradition de l'art figuratif des cités sumériennes de Mésopotamie. La jupe portée par Ushumgal, par exemple, correspond à un vêtement fait de laine, appelée parfois *kaunakès*, dont la partie terminale était certainement composée de mèches de poils de mouton, fermé par une ceinture dont le nœud se situe à l'arrière, légèrement à gauche, comme le montrent bien certaines statues conservées au département des Antiquités orientales du musée du Louvre (fig. 2.2). De même, la scénographie en registres de personnages placés côte à côte et gravée en relief sur de la pierre, mélangeant images et textes, est typique de l'art de la Mésopotamie, comme le montrent d'autres reliefs au Louvre, qu'il s'agisse du relief d'Ur Nanshe (fig. 2.3), ou encore de la Stèle des vautours (fig. 2.4), œuvres majeures dans cette catégorie d'objets.

Le texte qui borde l'image indique que la transaction foncière concernait trois maisons, des terres et du bétail. Écrit dans une forme archaïque du sumérien, il laisse subsister quelques doutes quant à la nature exacte de la transaction. Il pourrait s'agir soit d'une donation

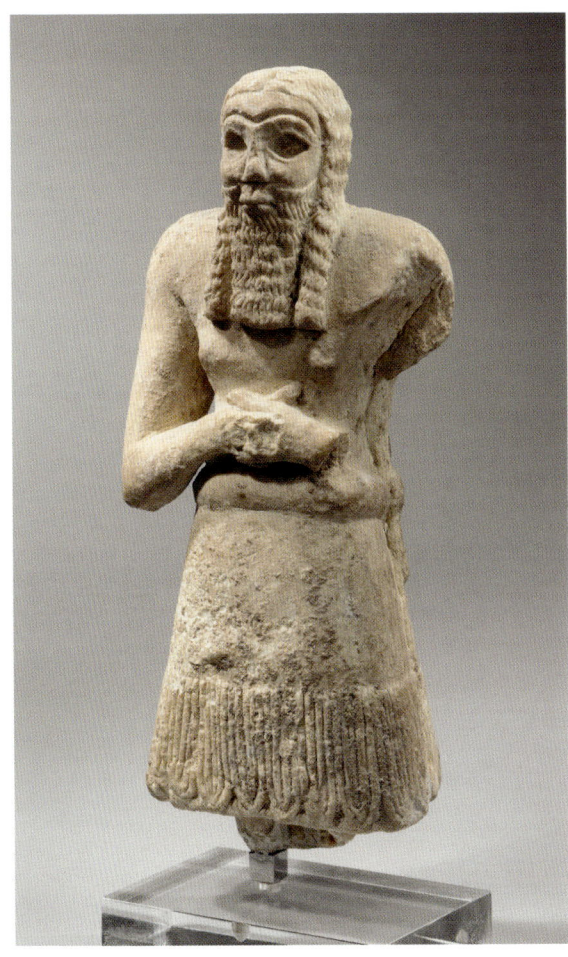

daughter, Shara-igizi-Abzu. In profile facing to the left, she is dressed in a long cloak and holds a vessel in front of her, of the same type used for libations, again giving the scene a religious character. A container is at her feet. The other two sides feature four individuals, three men in profile facing to the right and one woman in profile facing to the left, on a smaller scale than Ushumgal and his daughter. The woman is dressed like Shara-igizi-Abzu. The three men have their hands clasped to their chests, like Ushumgal. They are also bare-chested and wear a specific skirt, made up of several long panels, with the front panels pulled up and held in the waistband; this fashion may have been specific to the Kish region. Despite the shape of the stele and its four faces on which the iconography and the inscriptions are developed, the orientation of the individuals' profiles and their scale allow the scene to be interpreted as a transaction between Ushumgal and his daughter in front of a building, each accompanied by their witnesses.

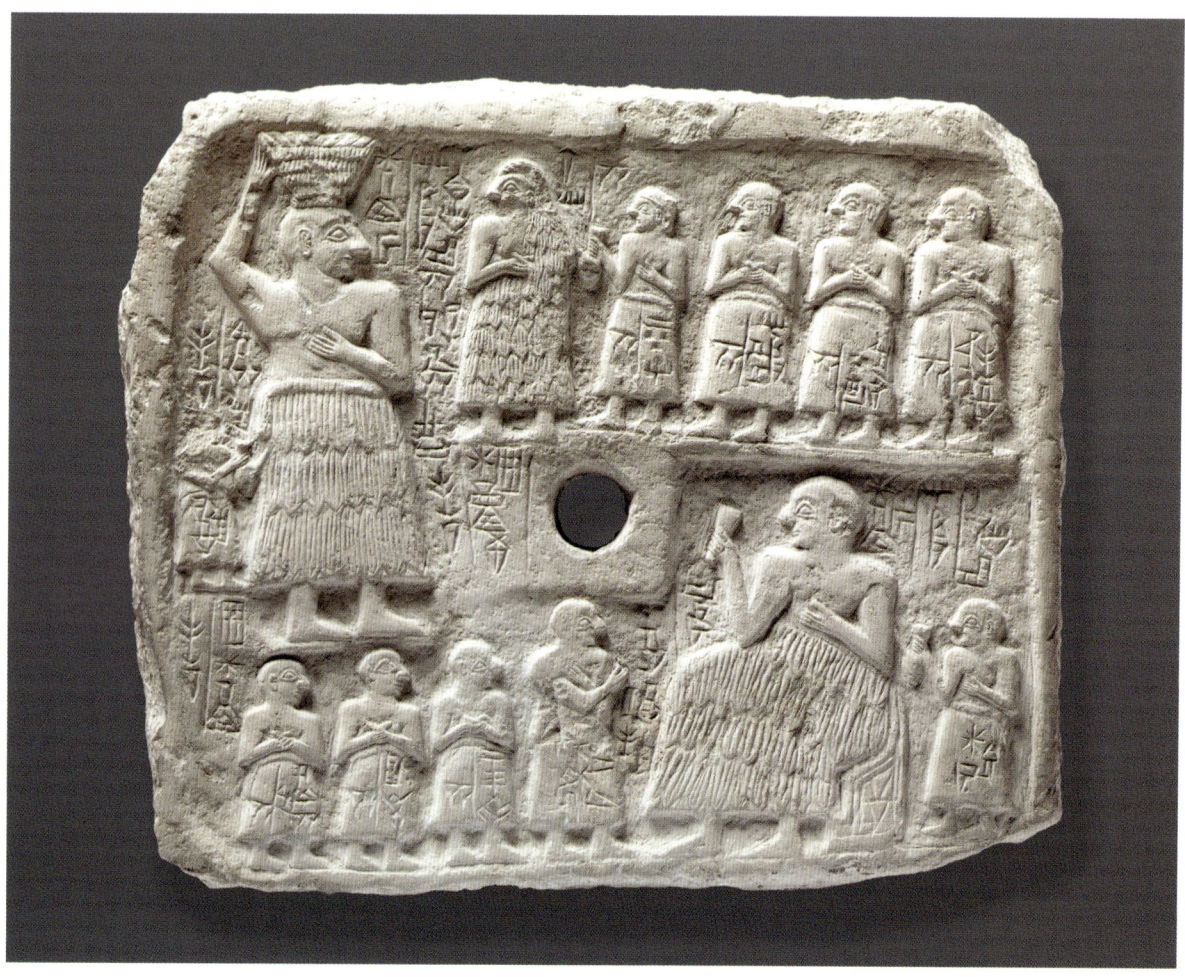

Fig. 2.3

Musée du Louvre, département
des Antiquités orientales, inv. AO 2344

H. 39 cm ; l. 46,5 cm

Relief d'Ur Nanshe
Calcaire
Époque sumérienne dite des « Dynasties
archaïques », phase IIIb, vers 2450 av. J.-C.
Irak, Tello (Mésopotamie, ancienne Girsu)
Fouilles sous la direction d'Ernest
de Sarzec, 1890

Plaque of Ur Nanshe
Limestone
Early Dynastic IIIb, *ca.* 2450 B.C.
Iraq, Tello (Mesopotamia, ancient Girsu)
Excavated under the direction
of Ernest de Sarzec, 1890

d'Ushumgal au nom de sa fille, soit d'un bien appartenant à un temple administré par Ushumgal. Ce document est la plus ancienne attestation de ces monuments documentant des transactions financières, peut-être destinés à être exposés publiquement, dont les lointains successeurs, plus d'un millénaire plus tard, seront les *kudurru.* Ce terme désigne des stèles de pierre retrouvées en Babylonie à partir de la moitié du IIe millénaire avant notre ère, gravées d'images et inscrites, enregistrant des attributions de terres. Les *kudurru* figurent souvent des symboles de divinités, attestant par-là que la transaction a été réalisée sous protection divine, et qu'elle ne doit être ni remise en question, ni contestée. L'importance de l'aspect religieux est encore accentuée quand on sait que les *kudurru* ne servaient probablement pas de bornes aux limites des terres qu'ils mentionnent dans les transactions, mais étaient exposés dans des temples, au plus près des dieux. Si des figures divines n'apparaissent pas sur la stèle qui consacre la transaction passée entre

The iconography of this stele, which certainly dates back to the early third millennium B.C., is fully in keeping with the tradition of figurative art in the Sumerian cities of Mesopotamia. The skirt worn by Ushumgal, for example, corresponds to a woolen garment, sometimes called *kaunakes,* the terminal part of which was certainly made up of locks of sheep's hair. It was fastened by a belt whose knot is located at the back, slightly to the left, as shown by certain statues preserved in the Department of Near Eastern Antiquities at the Louvre (fig. 2.2). In the same way, the composition in registers of figures placed side by side and carved in relief on stone, mixing images and text, is typical of Mesopotamian art, as shown by other reliefs in the Louvre, such as the plaque of Ur-Nanshe (fig. 2.3) and the Stele of the Vultures (fig. 2.4), a major work in this category.

The text bordering the imagery indicates that the land transaction involved three houses, land and livestock. Written in an archaic form of Sumerian, it leaves

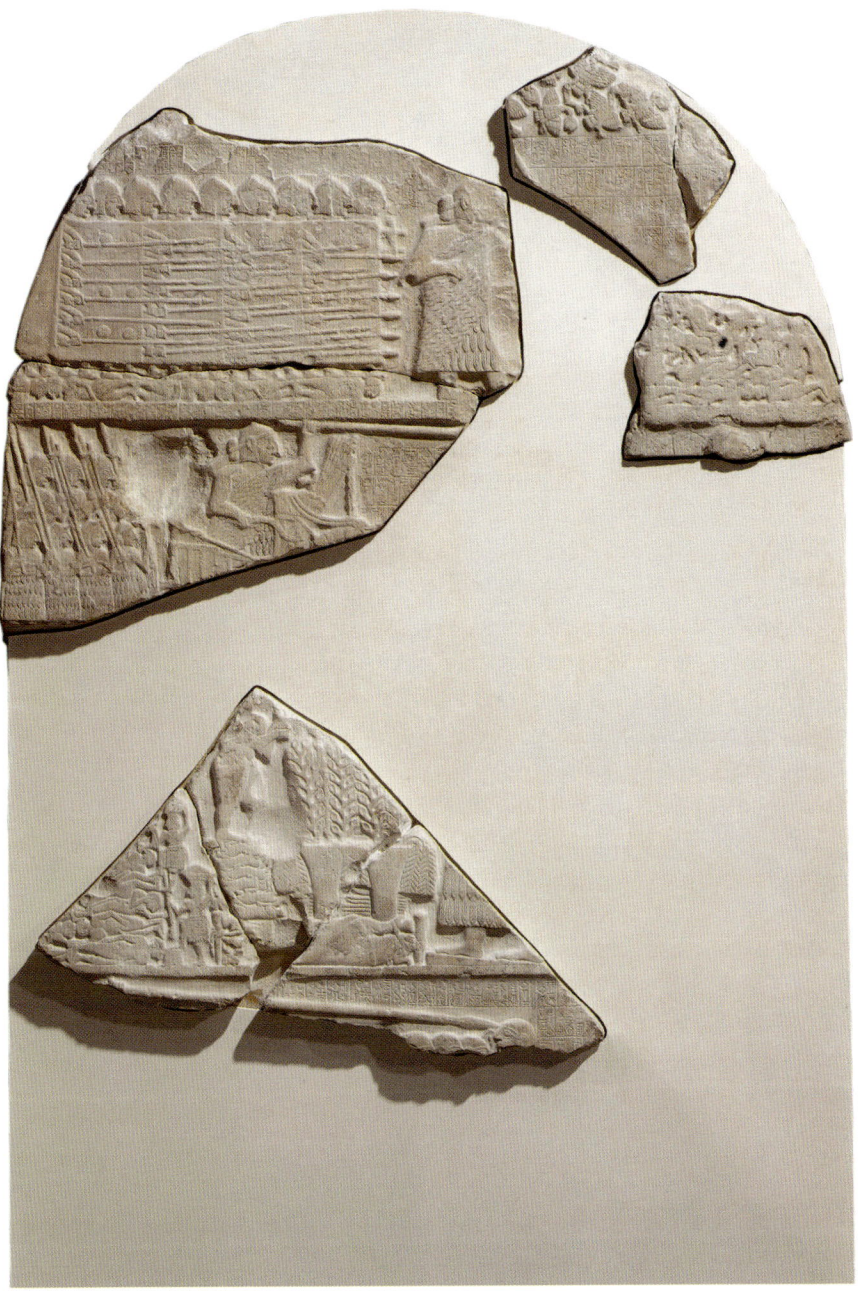

Fig. 2.4

Musée du Louvre, département des Antiquités orientales, inv. AO 50, AO 2346, AO 2347, AO 2348, AO 16109

H. 180 cm ; l. 130 cm

Stèle des vautours

Calcaire
Époque sumérienne dite des « Dynasties archaïques », phase IIIb,
vers 2450 av. J.-C.
Irak, Tello (Mésopotamie, ancienne Girsu)
Fouilles sous la direction d'Ernest de Sarzec, 1881 (AO 50, AO 2346, AO 2347, AO 2348) ; cédé par le British Museum, 1933 (AO 16109)

Stele of the Vultures

Limestone
Early Dynastic IIIb, *ca*. 2450 B.C.
Iraq, Tello (Mesopotamia, ancient Girsu)
Excavated under the direction of Ernest de Sarzec, 1881 (AO 50, AO 2346, AO 2347, AO 2348); ceded by the British Museum, 1933 (AO 16109)

Ushumgal et Shara-igizi-Abzu, les mains croisées sur le torse comme le font les orants, le bâtiment qui pourrait être un temple, et le vase évoquant des libations d'huiles qui pouvaient avoir cours à l'issue de la transaction, évoquent déjà, 1500 ans avant les *kudurru*, la présence éminemment forte des divinités au cours des transactions foncières, rappelant encore, si besoin était, l'importance de la religion dans le monde mésopotamien.

Barbara Couturaud

some doubts as to the exact nature of the transaction. It could either be a donation of Ushumgal on behalf of his daughter, or a property belonging to a temple administered by Ushumgal. This document is the earliest evidence of the kind of monuments recording financial transactions, perhaps intended for public display, whose distant successors, more than a millennium later, were the *kudurru*. This term refers to stone stelae found in Babylonia, starting from the middle of the second millennium before our era, with engraved scenes and inscriptions, recording land allocations. The *kudurru* often feature symbols of divinities, attesting that the transaction was carried out under divine protection and should not be questioned or challenged. The importance of the religious aspect is further emphasized by the fact that *kudurru* were probably not used to mark the boundaries of the lands referred to in the transactions, but were displayed in temples, near the gods. If no divine figures appear on the stele recording the transaction between Ushumgal and Shara-igizi-Abzu, multiple elements (the hands clasped to the chest as the worshipers do, the building that could be a temple and the vase evoking the oil libations that may have taken place at the end of the transaction) already evoke, fifteen hundred years before the *kudurru*, the eminently strong presence of divinities during land transactions, reminding us again, if proof were needed, of the importance of religion in the Mesopotamian world.

Barbara Couturaud

3 Tête de haut personnage au turban
Turbaned head of a ruler

Cette tête grandeur nature est l'un des rares vestiges de la grande statuaire métallique, dont la valeur est trop souvent mieux connue par les textes cunéiformes, du fait de la pratique de refondre le précieux métal. D'apparence naturaliste avec ses lèvres charnues, son nez et ses oreilles proéminents relativement peu habituels dans le domaine mésopotamien, cette tête pourrait être comme un portrait véritable ou tout au moins représenter des caractéristiques ethniques, supposément plus à l'est de la Mésopotamie.

La rareté des bronzes conservés impose toutefois une certaine prudence, tant les exemples connus peuvent surprendre par leur naturel apparent [1]. En outre, bien des traits pourraient aussi avoir un rôle plus symbolique, telles les grandes oreilles, légèrement décollées et d'autant plus visibles de face, pour suggérer la capacité d'écoute.

Il manque malheureusement le corps qui devait être attaché à cette tête – peut-être fait d'autres matériaux, comme pour nombre de statues composites, et en tout cas fixé grâce à un tenon, visible sous la tête –, qui aurait pu porter une inscription identifiant ce personnage. D'après sa taille, sa qualité et sa coiffure, il pourrait s'agir d'un haut personnage sinon un dirigeant. Ceci expliquerait la forte dépense en métal. De fait, compte tenu de son poids considérable et de son opacité à la radiographie conventionnelle, on a longtemps pensé que cette tête était coulée dans la masse ou ne comportait qu'un très petit noyau. Un examen récent par tomodensitométrie [2] a toutefois révélé que le modèle en cire de cette tête avait été formé autour d'un noyau de grande taille, bien que celui-ci ne suive pas les contours extérieurs de la tête. Six grands supports métalliques maintenaient le noyau en place une fois la cire fondue évacuée du moule. Cette tête est donc l'un des premiers exemples de moulage à la cire perdue à noyau creux connu dans le monde antique. En outre, le métal utilisé pour fondre cette tête

This lifesize head is one of the rare surviving examples of metal statuary, mostly known today through cuneiform texts, as precious metals were often melted down for reuse. Bearing a rather naturalistic look, with his fleshy lips and his prominent nose and ears—a relatively unusual feature in the Mesopotamian tradition—this head could be a genuine portrait, or at the very least represent ethnic characteristics, supposedly from farther east of Mesopotamia.

However, despite an air of naturalism,[1] the rarely surviving bronzes call for a certain cautiousness. Furthermore, many features could have a more symbolic significance. The large and slightly protruding ears, for example, all the more visible from the front, may be there to suggest a good listener.

Unfortunately, the body—perhaps made of different materials, as was the case for many composite statues, and fixed with a tenon in this instance visible under the head—to which this head was attached is missing. It could have borne an inscription identifying the individual. His size, hairdress and the quality of the object all hint at the subject being an important figure, if not a ruler. This would explain the high expenditure in metal. Due to its largescale, its considerable weight and opacity to conventional radiography, the head was long believed to have been cast solid or only having a very small core. Nevertheless, a recent CT scan[2] revealed that the wax model of this head had been shaped around a large core—even though the latter does not follow the outer contours very closely. Six large metal posts held the core in place once the wax was burned out of the mold. This head is one of the earliest known examples of lost-wax casting with a hollow core in the ancient world.

The metal used to cast this head is essentially pure copper with minute quantities of arsenic and nickel, given that casting pure molten copper is technically

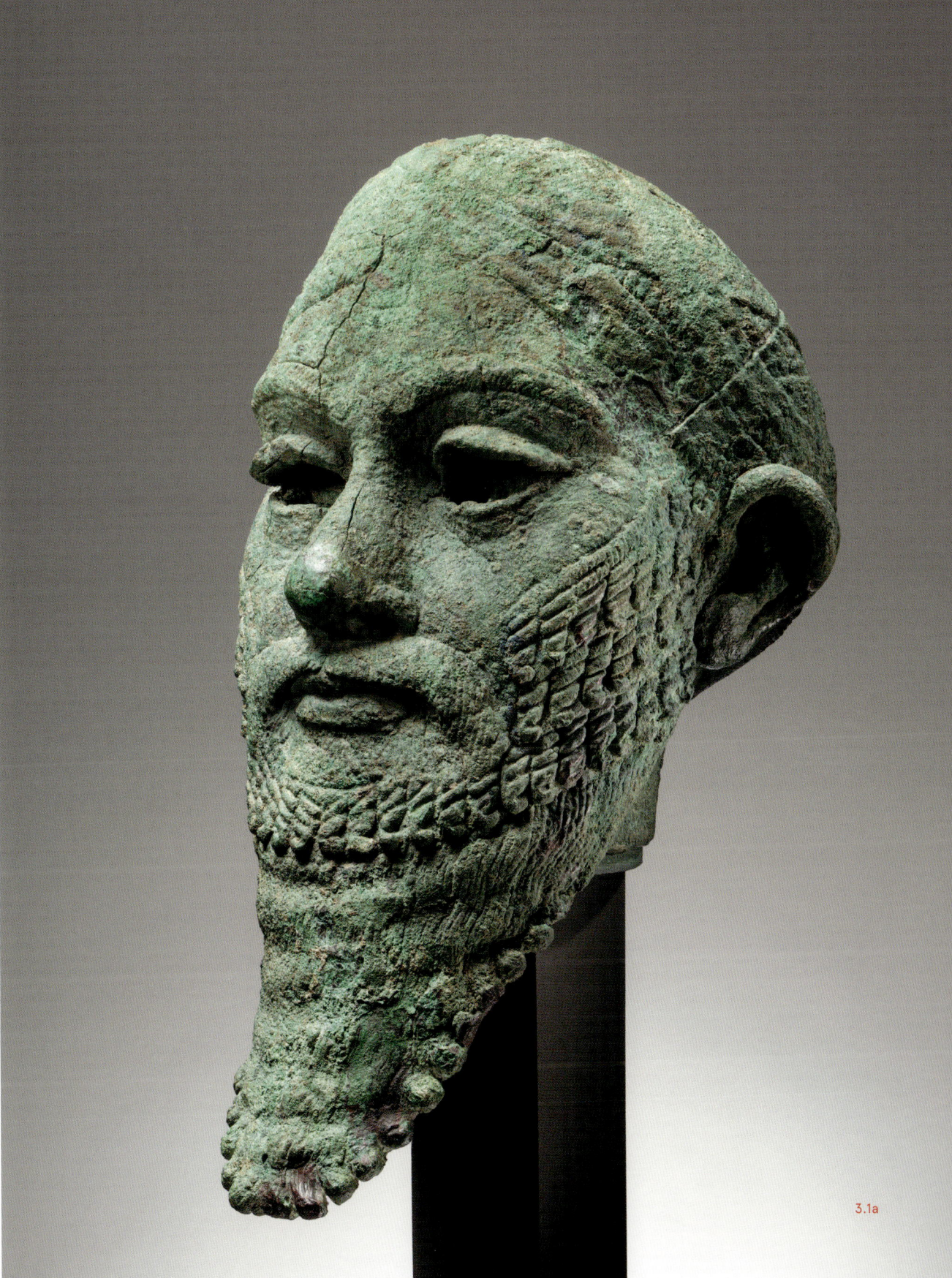

Fig. 3.1a–b

The Metropolitan Museum of Art,
Department of Ancient Near Eastern Art ;
Rogers Fund, 1947, inv. 47.100.80

H. 34.4 cm ; l. 21.3 cm ; ép. 23.3 cm

**Tête de haut personnage
au turban**

Alliage cuivreux
Irak (ancienne Mésopotamie) ?
Fin de l'époque d'Akkad ou
début de l'époque néo-sumérienne,
vers 2190–2100 av. J.-C.
Vers 1918, R. D. Messayeh, New York ;
1919–1947, Joseph Brummer, New York ;
achat, Joseph Brummer Estate, New York,
1947

Turbaned head of a ruler

Copper alloy
Iraq (ancient Mesopotamia)?
Late Akkadian or early Neo-Sumerian,
ca. 2190–2100 B.C.
By 1918, R.D. Messayeh, New York;
1919–1947, Joseph Brummer, New York;
purchase, Joseph Brummer Estate, New York,
1947

3.1a

est essentiellement du cuivre pur avec des quantités mineures d'arsenic et de nickel, sachant que la coulée du cuivre pur présente des défis techniques considérables ; l'examen détaillé récent de cette tête a d'ailleurs révélé combien ce chef-d'œuvre a frôlé la catastrophe au moment de sa délicate réalisation[3]. En l'absence de traces d'une patine, cette tête devait être initialement de couleur cuivre et non verte comme aujourd'hui du fait de la corrosion du cuivre ; elle avait aussi les yeux incrustés, probablement en pierre.

Portant moustache et une longue barbe traitée en deux parties finement travaillées, cette tête n'est pas sans évoquer des têtes royales akkadiennes en pierre et, pour l'une d'elles exceptionnellement conservée, en alliage cuivreux[4]. Cette dernière porte en revanche une longue chevelure coiffée en chignon retenu par un bandeau, suivant un usage pour les souverains en Mésopotamie, connu depuis au moins le début du IIIe millénaire sinon l'époque précédente dite « d'Uruk ». Mais des représentations royales d'Akkad démontrent l'existence d'autres coiffures, qu'il s'agisse de bonnets ou de turbans ou encore de casques[5]. Après avoir notamment contribué à la chute d'Akkad au tournant du XXIIe siècle avant J.-C., les Gutis, issus des montagnes du Zagros, auraient en partie pris le pouvoir en Mésopotamie pour un temps difficile à déterminer avant ce qu'il est d'usage d'appeler

challenging. A recent thorough inspection of this head has incidentally shown how close this masterpiece came to being destroyed during its delicate realization.[3] With no trace of a patina, this head must have originally been copper-colored instead of green as it looks today because of the corrosion of copper. Its eyes were inlaid, probably made of stone.

With a moustache and a long beard divided into two finely made parts, this head is reminiscent of royal Akkadian stone heads, as well as an exceptionally well kept copper alloy one.[4] The latter, however, has long hair in a bun and held up by a headband, following the custom of Mesopotamian sovereigns known at least since the start of the third millennium, or even since the previous era; But royal representations from Akkad prove the existence of other headgear, whether hats, turbans or helmets.[5] The Guti, from the Zagros Mountains, who contributed to the fall of Akkad at the beginning of the twenty-second century B.C., allegedly partly took power in Mesopotamia for a period that is hard to determine before what is commonly known as the rebirth of the Neo-Sumerian powers—notably in Lagash or in Ur for the last centuries of the third millennium. These Neo-Sumerian sovereigns were increasingly depicted wearing a wide-brimmed hat indicating their rank.[6] Hence the headgear on this object could be

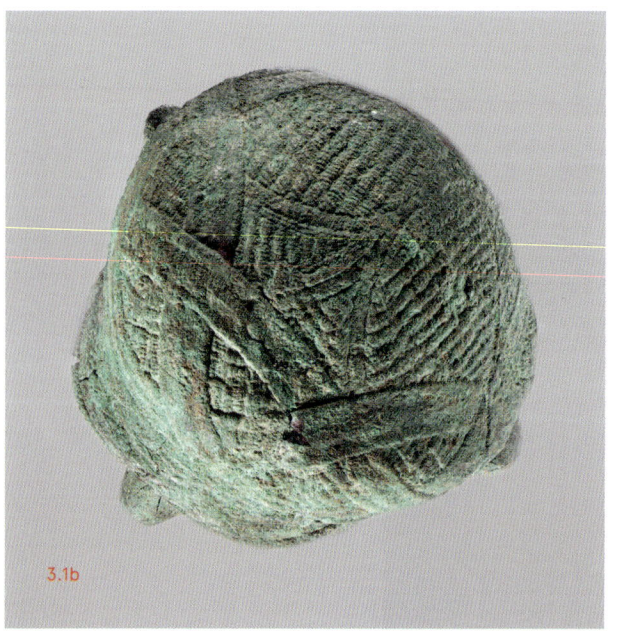

3.1b

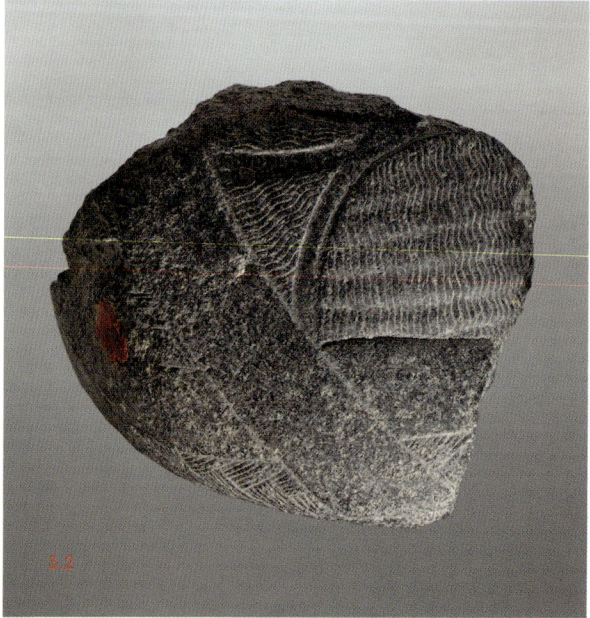

3.2

Fig. 3.2

Musée du Louvre, département des Antiquités orientales, inv. AO 16

H. 9,5 cm ; l. 11 cm ; ép. 12,5 cm

Fragment de statue : turban

Gabbro
Époque néo-sumérienne,
vers 2200–2100 av. J.-C.
Irak, Tello (Mésopotamie, ancienne Girsu)
Fouilles sous la direction
d'Ernest de Sarzec, 1881

Statue fragment : turban

Gabbro
Neo-Sumerian, *ca.* 2200–2100 B.C.
Iraq, Tello (Mesopotamia, ancient Girsu)
Excavated under the direction of
Ernest de Sarzec, 1881

Bibliographie
Bibliography

Eppihimer, 2022
Melissa Eppihimer, « New Evidence for the Origins of a Royal Copper Head from the Ancient Near East », *Metropolitan Museum Journal* 57, 2022, p. 8-24.

Frayne, 1993
Douglas Ralph Frayne, *The royal inscriptions of Mesopotamia. Early periods*. Vol. 2, *Sargonic and Gutian periods (2334-2113)* (RIME 2), Toronto, University of Toronto Press, 1993.

Orthmann, 1975
Winfried Orthmann, *Der alte Orient*, Berlin, Propyläen Verlag, 1975.

Thomas, 2016
Thomas Ariane (dir.), *L'Histoire commence en Mésopotamie* (catalogue d'exposition, Lens, musée du Louvre-Lens, 2 novembre 2016 – 23 janvier 2017), Gand et Lens, Snoeck Publishers et musée du Louvre-Lens, 2016.

Thomas et Potts, 2020
Ariane Thomas et Timothy Potts (dir.), *Mesopotamia. Civilization begins* (catalogue d'exposition, J. Paul Getty Museum, Getty Villa, Malibu, 18 mars – 27 juillet 2020), Los Angeles, The J. Paul Getty Museum, 2020.

la renaissance de pouvoirs néo-sumériens, notamment à Lagash ou à Ur pour les derniers siècles du IIIe millénaire. Ces souverains néo-sumériens se firent toujours plus représenter coiffés d'un bonnet à large bord indiquant leur rang[6]. À ce titre, la coiffure de cette tête pourrait être l'une de ces coiffures variées et possiblement royales. Constituée de bandelettes plates entrecroisées débordant autour de la tête par-dessus des cheveux tressés qu'elles maintiennent, elle rappelle d'ailleurs les bandeaux d'or retrouvés dans le Sud mésopotamien[7].

Longtemps uniquement connue par cette tête, cette coiffure a contribué à lui supposer une origine étrangère à la Mésopotamie, sur le plateau iranien, d'après les dires du marché d'où elle provient – certains l'ont d'ailleurs même attribuée initialement aux époques élamite, perse ou sassanide, datations aujourd'hui réfutées par la comparaison avec les œuvres akkadiennes et immédiatement postérieures sus-citées. On peut, en revanche, envisager qu'une tête royale ait été produite à l'ouest du plateau iranien, là-même où le métal est une matière première courante contrairement à la Mésopotamie qui en est dépourvue et où les bronzes connus sont bien moins épais. Certaines des représentations royales akkadiennes qui avaient été diffusées dans tout leur territoire furent d'ailleurs imitées par leurs successeurs et voisins en Mésopotamie comme dans l'ouest du plateau iranien.

Mais un fragment trouvé en fouilles sur le site de Tello dans le Sud mésopotamien et conservé au Louvre (fig. 3.2) montre une coiffure semblable. Identifié pour la première fois comme un pendant à la célèbre tête du Metropolitan Museum of Art en préparant au Louvre une exposition où cette dernière fut prêtée en 2020[8], ce fragment en pierre dure noire – matériau souvent réservé aux représentations royales – aurait appartenu à une grande tête au vu de l'échelle, et donc d'autant plus comparable à la tête en métal du Met. De plus, les cheveux tressés visibles sous les bandelettes peuvent être rapprochés des représentations des Sumériens, tant à l'époque d'Akkad que néo-sumérienne[9]. Si l'on retient les traits assez spécifiques et la relative rareté de cette coiffure avec ces deux seuls exemplaires connus à ce jour – quand bien même on connaît d'autres types de coiffures à bandelettes –, on pourrait envisager que ces deux têtes datent de l'époque Guti, phase de transition entre les règnes d'Akkad et néo-sumériens. On sait

one of the varied headgears and possibly a royal one. Made of interwoven flat strips brimming over the head over the coiled hair which they secure, it is reminiscent of the gold strips found in southern Mesopotamia.[7]

This headdress, which was for a long time only known through this head, contributed to the belief that this head came from outside Mesopotamia. It was thought to come from the Iranian plateau based on hearsay from the antiquities market about where it was said to have been found—some even initially attributed it to the Elamite, Persian and Sasanian periods. These dating hypotheses are nowadays rejected thanks to the comparison with aforementioned works from the Akkadian period and those immediately following. It is plausible, however, that a royal head had been produced west of the Iranian plateau, where metal is a common raw material, unlike Mesopotamia which has none and where the known bronzes are much thinner. Beside, some Akkadian royal representations which had been spread across their territory were imitated by their successors and neighbors in Mesopotamia as well as in the West of the Iranian plateau.

But a fragment found during excavations at the site of Tello in southern Mesopotamia and now in the Louvre collections (fig. 4) shows a similar headgear. Identified for the first time as a counterpart to the famous head from The Metropolitan Museum of Art during the preparation at the Louvre of an exhibition for which The Met lent it in 2020,[8] the black hard stone fragment—a material usually reserved for royal representations—would most likely have belonged to a large head given its scale, which only makes it more comparable to the metal head of The Met. Moreover, the coiled hair visible under the strips can be linked to the Sumerian representations, both in the Akkadian and Neo-Sumerian periods.[9] Keeping in mind the quite specific features and the relative rarity of this headdress with the only two known examples to this day—although other types of headgear with strips are known—it is plausible that these two date back to the Guti period, a time of transition between the Akkadian and Neo-Sumerian reigns. Guti chiefs are known in the region around Tello as evidenced by the tablet of Lugalannatum, the prince of Umma, while "Sium was king of Qutûm (or Gutium)."[10] While its exact dating to the Akkadian period, either

qu'il y eut des chefs Gutis dans la région où se trouve Tello comme en témoigne notamment une tablette de Lugalannatum, prince d'Umma, tandis que « Sium était roi de Qutûm (ou Gutium) [10] ». Si sa datation exacte à l'époque d'Akkad, à la transition Guti ou à la période néo-sumérienne peut être débattue, le parallèle entre le fragment de Tello et la tête du Met permet au moins de mieux attribuer cette dernière au domaine mésopotamien plutôt qu'au plateau élamite, ce que corrobore une étude récente ayant notamment démontré que sa provenance sur le marché moderne des antiquités pointe également la Mésopotamie [11].

Ariane Thomas et
Jean-François de Lapérouse

at the Guti or Neo-Sumerian transition is debatable, the parallel between the Tello fragment and The Met head allows at least the attribution of the latter to the Mesopotamian domain rather than to the Elamite plateau, which is corroborated by a recent study showing that its provenance on the modern antiquities market also hints to Mesopotamia.[11]

Ariane Thomas and
Jean-François de Lapérouse

---

1. Par exemple, la statue dite « de Bassekti » (Musée national d'Irak, inv. IM77823).
2. Réalisé au *Centre d'analytique de la radiographie de l'Empa* (Laboratoire fédéral d'essai des matériaux et de recherche), situé en Suisse, en 2022.
3. La coulée du cuivre pur présente des défis considérables car il absorbe facilement l'oxygène lorsqu'il est fondu à des températures élevées, qu'il libère lors de la solidification. L'absorption d'oxygène empêche l'écoulement du métal à travers le moule lors de la coulée et entraîne une texture spongieuse révélée par les vues en coupe de cette tête, obtenues par tomodensitométrie. Les examens récents ont montré que le visage fut coulé d'un seul tenant jusqu'à la profondeur des orbites, tandis que la paroi à l'arrière de la tête, initialement plus mince, a nécessité un ajout de métal pour boucher un trou de fusion à l'arrière de la tête. L'air emprisonné en raison d'une ventilation insuffisante du moule peut également avoir contribué à la fonte incomplète du côté droit de la barbe du personnage, tandis qu'une grande poche d'air a failli bloquer la fonte de l'oreille gauche.
4. ORTHMANN, 1975, pl. 48-49.
5. ORTHMANN, 1975, pl. 104-105.
6. Mais, là encore, on connaît quelques exceptions (ORTHMANN, 1975, pl. 64).
7. THOMAS, 2016, p. 310, n° 380 par exemple.
8. THOMAS et POTTS, 2020, p. 189, note 1.
9. ORTHMANN, 1975, pl. 102 et 64.
10. FRAYNE, 1993, E2.11.13.1 (musée du Louvre, inv. AO 4783), p. 268.
11. EPPIHIMER, 2022, p. 12-15.

1. For example, the Bassekti Statue (National Museum of Iraq, inv. IM77823).
2. Conducted at the *Centre d'analytique de la radiographie de l'Empa* (Swiss Federal Laboratories for Materials Science and Technology), in Switzerland, in 2022.
3. Casting pure molten copper is technically challenging because it easily absorbs oxygen when it is molten to high temperatures—oxygen then released during solidification. The absorption oxygen prevents metal runoff through the mould during the casting and produces a sponge-like texture revealed by a sectional view from a CT scan. Recent inspections have shown that the face was cast in a single block as deep as the orbits, while the back side of the head, initially thinner, necessitated an addition of metal to fill a fusion hole at the back of the head. The trapped air because of an insufficient ventilation of the mould may also have contributed to the incomplete casting of the right side of the figure's beard, while a large air pocket almost blocked the casting of the left ear.
4. ORTHMANN, 1975, pl. 48-49.
5. ORTHMANN, 1975, pl. 104-105.
6. But here, again, we only know of a few exceptions (ORTHMANN, 1975, pl. 64).
7. THOMAS, 2016, p. 310, no. 380 for example.
8. THOMAS and POTTS, 2020, p. 189, note 1.
9. ORTHMANN, 1975, pl. 102 and 64.
10. FRAYNE, 1993, E2.11.13.1 (Louvre Museum, inv. AO 4783), p. 268.
11. EPPIHIMER, 2022, p. 12-15.

4 La cachette dite « de Dilbat »
The "Dilbat Hoard"

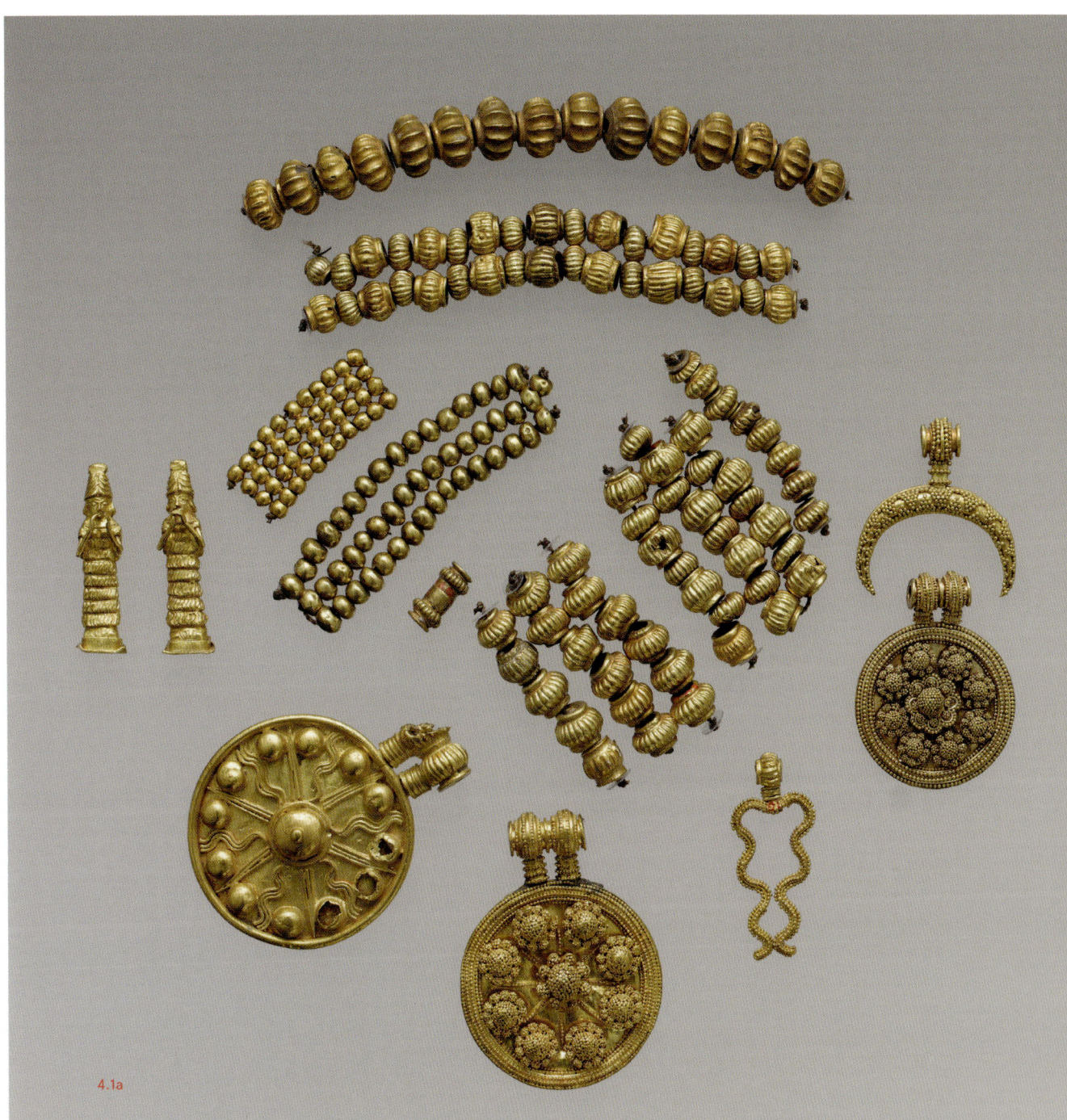

Fig. 4.1a–c

The Metropolitan Museum of Art,
Department of Ancient Near Eastern Art ;
Fletcher Fund, 1947, inv. 47.1a-i, 47.1k-m,
47.115.1 et 47.115.3-4

Médaillon le plus grand : diam. 3,6 cm ;
sceaux-cylindres : H. 2,1 à 2,9 cm ;
diam. 1 à 1,4 cm

La cachette dite « de Dilbat »

Pendentifs et perles : différents alliages
contenant en majorité de l'or avec un peu
d'argent ou de cuivre ; sceaux-cylindres :
agate (inv. 47.115.1), cornaline (inv. 47.115.3),
feldspath (inv. 47.115.4).
Époque paléo-babylonienne tardive –
début de l'époque kassite,
vers XVIIIᵉ-XVᵉ siècle av. J.-C.
Irak, Tell el-Deylam (Mésopotamie,
ancienne Dilbat) ?
Vers 1911, peut-être acheté par
Ernst Herzfeld, près de Tell el-Deylam
(ancienne Dilbat) ; vers 1914, collection
Frida et/ou Georg Hahn, Berlin ; achat,
Charlotte Weidler, New York, au nom de
Georg Hahn, 1947 (éléments de parure) ;
don, Georg Hahn, 1947 (sceaux-cylindres)

The "Dilbat Hoard"

Pendants and beads : different alloys
made up of mostly gold mixed with a little
of either silver or copper; cylinder seals:
agate (inv. 47.115.1), carnelian (inv. 47.115.3),
feldspar (inv. 47.115.4)
Late Old Babylonian–early Kassite period,
ca. 18th–15th century B.C.
Iraq, Tell al-Deylam (Mesopotamia, ancient
Dilbat)?
Ca. 1911, possibly purchased by
Ernst Herzfeld, near Tell al-Deylam (ancient
Dilbat); by 1914, collection of Frida and/or
Georg Hahn, Berlin; purchase, Charlotte
Weidler, New York, on behalf of Georg Hahn,
1947 (jewel elements); gift, Georg Hahn,
1947 (cylinder seals)

4.1a

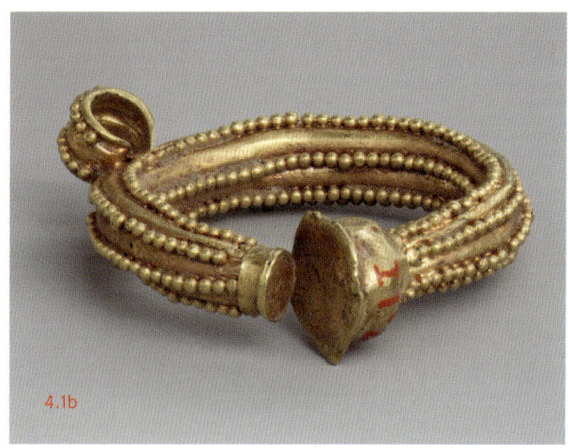

4.1b

Connu à l'origine sous le nom de « collier de Dilbat », ce lot disparate – pendentifs pour colliers, séries de perles, sceaux-cylindres, capuchons, produits non finis – devait appartenir à un ensemble plus vaste d'objets précieux déclaré comme retrouvé dans une jarre[1]. En effet, la pratique d'ensevelir des jarres contenant ce type d'ensemble est bien attestée au Proche-Orient ancien, entre autres à Larsa au sud de la Mésopotamie. En 1976, l'archéologue Jean-Louis Huot y découvre « la jarre de l'orfèvre » dans la cour I de l'E-babbar, un temple dédié au dieu-soleil Šamaš. Cette jarre contenait notamment un médaillon en or et un autre en électrum, des pendeloques en argent en forme de croissant de lune, des perles en or, des anneaux, un sceau-cylindre, des scellements, des poids ou encore des outils[2]. L'E-babbar, ou « temple brillant », de Larsa est d'abord dégagé dans les années 1930 par André Parrot, futur directeur du département des Antiquités orientales au Louvre. Ce dernier découvre également à Larsa des restes d'orfèvrerie dans une jarre[3], possibles témoins d'un atelier, ainsi que le « vase d'Ishtar » exposé au Louvre non loin de ce prêt remarquable de New York.

La cachette « de Dilbat » reste difficile à dater, car les techniques et la symbolique employées sont connues pendant toute la première moitié du IIe millénaire. Certains objets de ce groupe semblent avoir été fabriqués plus tôt et ont pu être conservés sur plusieurs générations : par exemple, le nom du propriétaire inscrit sur l'un des sceaux-cylindres[4] n'est pas celui d'origine et laisse voir, quoique très effacé, celui du précédent propriétaire.

Originally known as the "Dilbat necklace," this miscellaneous assemblage—pendants for necklaces, series of beads, cylinder seals, cylinder seal caps, and unfinished objects—was said to have been found in a jar and might have belonged to a larger ensemble of precious objects.[1] Indeed, buried jars containing this type of assemblage have been attested in the ancient Near East, more specifically in Larsa in southern Mesopotamia for example. That is where archeologist Jean-Louis Huot found the "jeweler's jar" in the courtyard I of the Ebabbar temple dedicated to the sun-god Šamaš. Notably, this jar contained two medallions—a golden and an electrum one—crescent-shaped silver pendants, gold beads, rings, a cylinder seal, seals, weights and tools.[2] The Ebabbar, or "shining temple," of Larsa was first uncovered in the 1930s by André Parrot, the future director of the Department of Near Eastern Antiquities of the Louvre. In Larsa, he also found remnants of goldsmith's work in a jar,[3] which could be the testimonies of a workshop, as well as the "Ishtar vase" which is displayed in the Louvre not far from this remarkable loan from New York.

The "Dilbat Hoard" remains difficult to date as both the techniques and symbols found in it are known throughout the first half of the second millennium. Some objects in this group seem to have been crafted earlier and preserved over multiple generations.

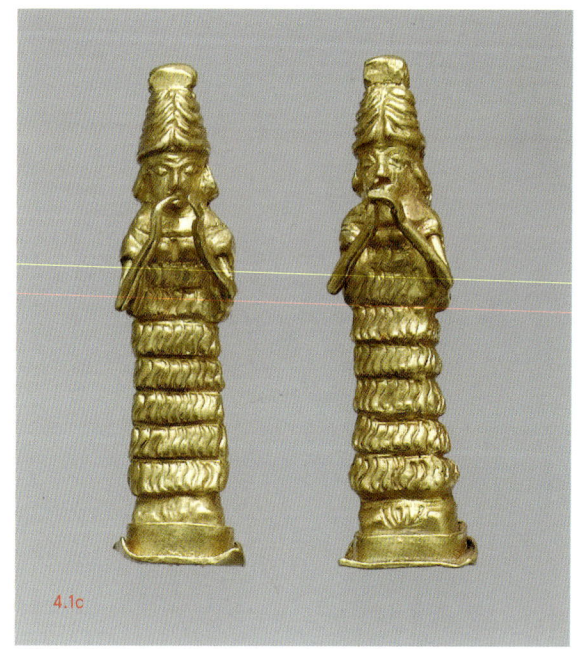

4.1c

Les raisons pour lesquelles ces objets disparates étaient enterrés ensemble ne sont pas connues. Selon une interprétation récente, la jarre de Larsa, enfouie en 1738 av. J.-C. lors du sac de la ville, appartenait peut-être à un peseur en raison des 66 poids retrouvés ainsi que de la présence de sacs scellés contenant de petits morceaux d'argent et d'or dont le poids avait été vérifié par un peseur. Concernant la cachette « de Dilbat », plusieurs indices – des pièces remarquablement achevées à d'autres inachevées, voire des ratés de fabrication – suggèrent que ce groupe constituait les produits d'un atelier actif qui ont dû être cachés pour être conservés en sécurité [5]. Ces objets pourraient provenir des réserves d'un temple, comme l'évoquent les titres des propriétaires de deux des sceaux-cylindres (« serviteur de Sîn » ou « serviteur de Sîn et d'Amurru ») [6].

Quelles que soient les conditions de leur enfouissement et leur datation exacte, ces objets constituent l'un des trop rares témoins connus de l'orfèvrerie en Mésopotamie toutes époques confondues, le métal précieux ayant souvent été remployé. D'après des représentations sur des figurines en terre cuite ou des peintures murales de l'époque paléo-babylonienne (fig. 4.3), les colliers étaient alors habituellement constitués d'une rangée de perles accompagnée d'un seul pendentif au

The owner's name inscribed on one of the cylinder seals,[4] for example, is not the original one and the previous owner's name is still visible, although very faded.

The reasons why these miscellaneous objects were buried together are not yet known. According to a recent interpretation, the jar of Larsa, buried in 1738 B.C. when the city was ransacked, might have belonged to a weigher given the 66 weights found in it along with the presence of sealed bags containing small nuggets of silver and gold whose weight had been verified by a weigher. Regarding the "Dilbat Hoard," multiple elements—from the expertly finished to the not yet finished to outright mistakes by the goldsmith—hint at the fact that this group constituted the products of an active workshop which had to be hidden to be protected.[5] These objects could come from the inventory of a temple, as suggested by the titles of the owners of the two cylinder seals: "servant of Sin" or "servant of Sin and Amurru."[6]

Whatever their dating and the conditions of their burial were, these objects represent one of all too rare known examples of goldsmithing in Mesopotamia from any period. Indeed, precious metals were often reused. According to their depictions on terracotta figurines or murals from the Old Babylonian period, necklaces were usually made with a series of beads and a single pendant

4.2

Musée du Louvre, département
des Antiquités orientales, inv. AO 4636

H. 2,5 cm ; L. 0,8 cm ; ép. 0,5 cm

**Deux pendeloques
de déesses Lama**

Or
Période paléo-babylonienne,
vers XVIIIᵉ siècle av. J.-C.
Irak, région de Hillah (Mésopotamie,
région de l'ancienne Babylone) ?
Achat, Élias Géjou, 1909

**Pair of pendants
depicting Lama goddesses**

Gold
Old Babylonian period, *ca.* 18th century B.C.
Iraq, region of Hillah (Mesopotamia,
region of ancient Babylon)?
Purchase, Elias Géjou, 1909

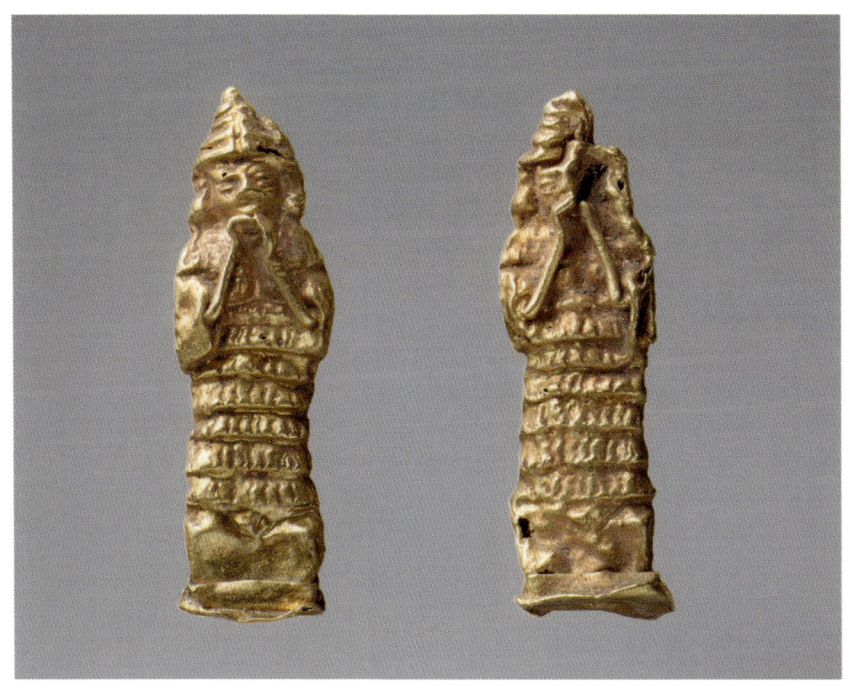

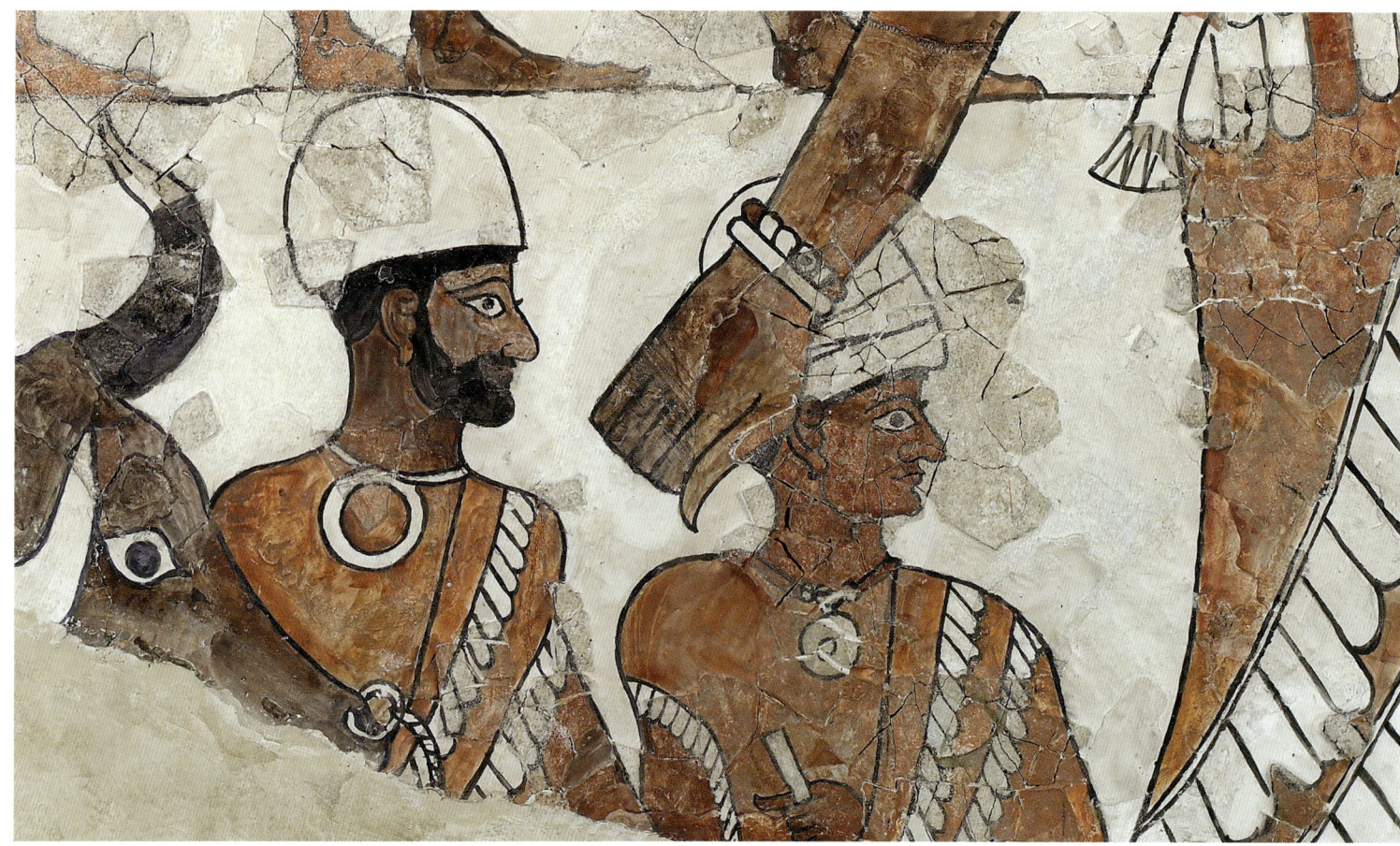

milieu, plus rarement deux ou trois médaillons identiques sur un seul collier. Les pendeloques du groupe « de Dilbat » ont ainsi pu appartenir à différents colliers, d'autant plus qu'ils n'ont certainement pas été réalisés par les mêmes orfèvres, comme le montre la qualité hétérogène des décors, exécutés au filigrane et à la granulation, une technique consistant à déposer sur la surface à décorer des centaines de granules d'or minuscules et à les fixer sur le bijou par une soudure sans en altérer la finesse. Les médaillons à rosettes sont les plus fins et évoquent probablement Ishtar, déesse de l'amour et de la guerre. Le médaillon à sept rayons symbolisant le dieu-soleil Shamash est celui dont la finition est la plus grossière, montrant des signes évidents d'une erreur d'un orfèvre. La pendeloque en forme de foudre représente Adad, dieu de l'orage et de la fertilité, et celle en forme de croissant de lune, Sîn, le dieu-lune.

in the middle (fig. 4.3), or more rarely with two or three identical medallions on a single necklace. The pendants from the "Dilbat" group could thus have belonged to different necklaces, all the more so as they most probably were not made by the same jewelers. This can be seen by the heterogenous quality of the ornaments, in particular the filigreed and granulated ones—a technique consisting of putting hundreds of minuscule granules down and fusing them to fix them without altering their finesse. The rosette medallions are the finest and most likely allude to the goddess of love and war, Ishtar. The seven-point medallion symbolizing Shamash is the one most poorly made—showing evident signs of mistakes made by the goldsmith. The lightning-shaped medallion represents Adad, the god of thunder and fertility, and the crescent-shaped one, the moon-god Sin.

Fig. 4.3

Musée du Louvre, département
des Antiquités orientales, inv. AO 19825

H. 76 cm ; l. 123,5 cm

**Peinture murale dite
« l'Ordonnateur
du sacrifice » (détail)**

Peinture sur plâtre
Époque du royaume amorrite de Mari, règne
de Yasmah-Addu, vers 1780 av. J.-C.
Syrie, Tell Hariri (Mésopotamie, ancienne
Mari, Grand Palais royal, cour 106)
Fouilles sous la direction d'André Parrot,
1935-1936

**Wall painting known
as "The Director of the
Sacrifice" (detail)**

Paint on plaster
Amorite Kingdom of Mari, reign of Yasmah-
Addu, ca. 1780 B.C.
Syria, Tell Hariri (Mesopotamia, ancient Mari,
Great Royal Palace, court 106)
Excavated under the direction
of André Parrot, 1935-1936

Bibliographie
Bibliography

Arnaud, Calvet et Huot, 1979
Daniel Arnaud, Yves Calvet et Jean-Louis Huot, « Ilšu-Ibnišu, orfèvre de l'E.Babbar de Larsa. La jarre L.76.77 et son contenu », *Syria* 56, 1979, p. 1-64.

Benzel, 2008
Kim Benzel, « Pendants and Beads », dans J. Aruz, K. Benzel et J. M. Evans (dir.), *Beyond Babylon. Art, trade, and diplomacy in the second millennium B.C.* (catalogue d'exposition, New York, The Metropolitan Museum of Art, 18 novembre 2008 – 15 mars 2009), New York, The Metropolitan Museum of Art, 2008, p. 24-25.

Huot et Naccaro, 2019
Jean-Louis Huot et Hugo Naccaro, « La "jarre de Parrot" de Larsa », *Revue d'assyriologie et d'archéologie orientale* 113, 2019, p. 77-88.

Konstantopoulos, 2018
Gina Konstantopoulos, « Inscribed Kassite Cylinder Seals », *Metropolitan Museum Journal* 53, 2018, p. 96-113.

Lilyquist, 1994
Christine Lilyquist, « The Dilbat Hoard », *Metropolitan Museum Journal* 29, 1994, p. 5-36.

Unger, 1931
Eckhard Unger, « Topographie der Stadt Dilbat », *Archiv orientální* 3, 1931, p. 21-48.

Les deux figures féminines, vêtues du *kaunakès* et coiffées de la tiare à cornes, évoquent probablement Lama, une divinité protectrice de rang mineur. Elles font écho à une paire de pendeloques pratiquement identiques (fig. 4.2) en or, provenant certainement de la région de Babylone et conservées au Louvre. Comme le rappellent les textes cunéiformes contemporains et notamment des lettres trouvées dans le palais de Mari, ce type de pendeloques pouvait orner de riches vêtements, notamment royaux. Tout en remplissant leur rôle de parure, ces ornements jouaient également un rôle de talisman protecteur, à l'instar des médaillons et des pendeloques en forme de foudre ou de croissant.

Grégoire Nicolet et Kim Benzel

The two feminine figures, wearing the *kaunakes* and the horned tiara, probably allude to the protective goddess Lama, a minor deity. They echo a pair of gold pendants almost identical (fig. 4.2), doubtlessly coming from the Babylon region and cared for at the Louvre. As the contemporary cuneiform texts and the letters found in the Royal Palace of Mari remind us, these types of pendants could adorn luxury garments, notably royal ones. These pendants not only fulfilled their role as ornament, but also worked as protective talismans, as exemplified by the medallions and pendants shaped like lightning and moon crescents.

Grégoire Nicolet and Kim Benzel

1. UNGER, 1931, p. 24-25, pl. I-II ; LILYQUIST, 1994, p. 7-11.
2. Voir ARNAUD, CALVET et HUOT, 1979.
3. Voir récemment HUOT et NACCARO, 2019.
4. Inv. 47.115.1.
5. BENZEL, 2008.
6. LILYQUIST, 1994, p. 29.

1. UNGER, 1931, p. 24-25, pl. I-II; LILYQUIST, 1994, p. 7-11.
2. See ARNAUD, CALVET and HUOT, 1979.
3. See, recently, HUOT and NACCARO, 2019.
4. Inv. 47.115.1.
5. BENZEL, 2008.
6. LILYQUIST, 1994, p. 29.

5 Tête de hache avec démon à double tête d'oiseau, sanglier et dragon
Shaft-hole axe head with bird-headed demon, boar, and dragon

Cette hache en argent au décor élaboré constitue un témoignage exceptionnel de l'univers symbolique des populations d'Asie centrale au tournant du troisième au deuxième millénaire avant notre ère, comme de l'excellence des savoir-faire artisanaux de l'époque.

Dans le bassin de l'Oxus et les régions environnantes, sur un territoire qui recouvre aujourd'hui une partie de l'Ouzbékistan, du Turkménistan, du Tadjikistan et de l'Afghanistan, s'épanouit entre 2200 et 1700 av. J.-C. une riche civilisation agraire de type proto-urbain. De nombreuses places fortes prospèrent alors au cœur de ce territoire de steppes et de déserts, probablement dominées par une aristocratie aux valeurs guerrières affirmées, comme en témoignent les résultats des fouilles menées dans la région depuis les années 1970. Le réseau hydrographique comme les routes terrestres qui parcourent la région favorisent les échanges aussi bien avec le monde syro-mésopotamien à l'ouest qu'avec les hautes et basses terres iraniennes au sud-ouest et la vallée de l'Indus au sud-est.

Originellement emmanchée, la hache du Metropolitan Museum of Art appartient à une typologie d'armes bien attestée dans le monde centre-asiatique. De nombreuses haches à collet en bronze, plus rarement en argent, décorées ou non, ont ainsi été découvertes en contexte funéraire, notamment dans des tombes de guerriers. Véritables insignes du pouvoir à l'instar du phénomène que Pierre Amiet a éclairé dans le monde élamite [1] (fig. 5.2), elles sont parfois ornées d'animaux sauvages ou de prédateurs fantastiques : sangliers, léopards, chevaux (fig. 5.3), oiseaux de proie et dragons-serpents, qui évoquent à la fois la puissance et le danger.

This elaborately decorated silver axe head is exceptional evidence of the symbolic universe of Central Asian peoples at the turn of the second millennium B.C., as well as to the excellence of the craftsmanship of the time.

Between 2200 and 1700 B.C., a rich agrarian civilization of the proto-urban type flourished in the Oxus basin and surrounding regions, in a territory that today covers part of Uzbekistan, Turkmenistan, Tajikistan and Afghanistan. Numerous strongholds flourished in the heart of the territory of steppes and deserts, probably dominated by an aristocracy with strong warrior values, as evidenced by the results of excavations carried out in the region since the 1970s. The region's hydrographic network and land routes facilitated trade with the Syro-Mesopotamian world to the west, the Iranian highlands and lowlands to the south-west and the Indus Valley to the south-east.

The axe head on loan from The Metropolitan Museum of Art, which originally was attached to a handle, belongs to a type of weapon well attested in the Central Asian world. Numerous shaft-hole axes in bronze, more rarely in silver, decorated or not, have been discovered in funerary contexts, notably in warriors' tombs. True insignia of power, like the phenomenon highlighted by Pierre Amiet in the Elamite world [1] (fig. 5.2), they are sometimes adorned with wild animals or fantastic predators: boars, leopards, horses (fig. 5.3), birds of prey and snake-dragons, evoking both power and danger.

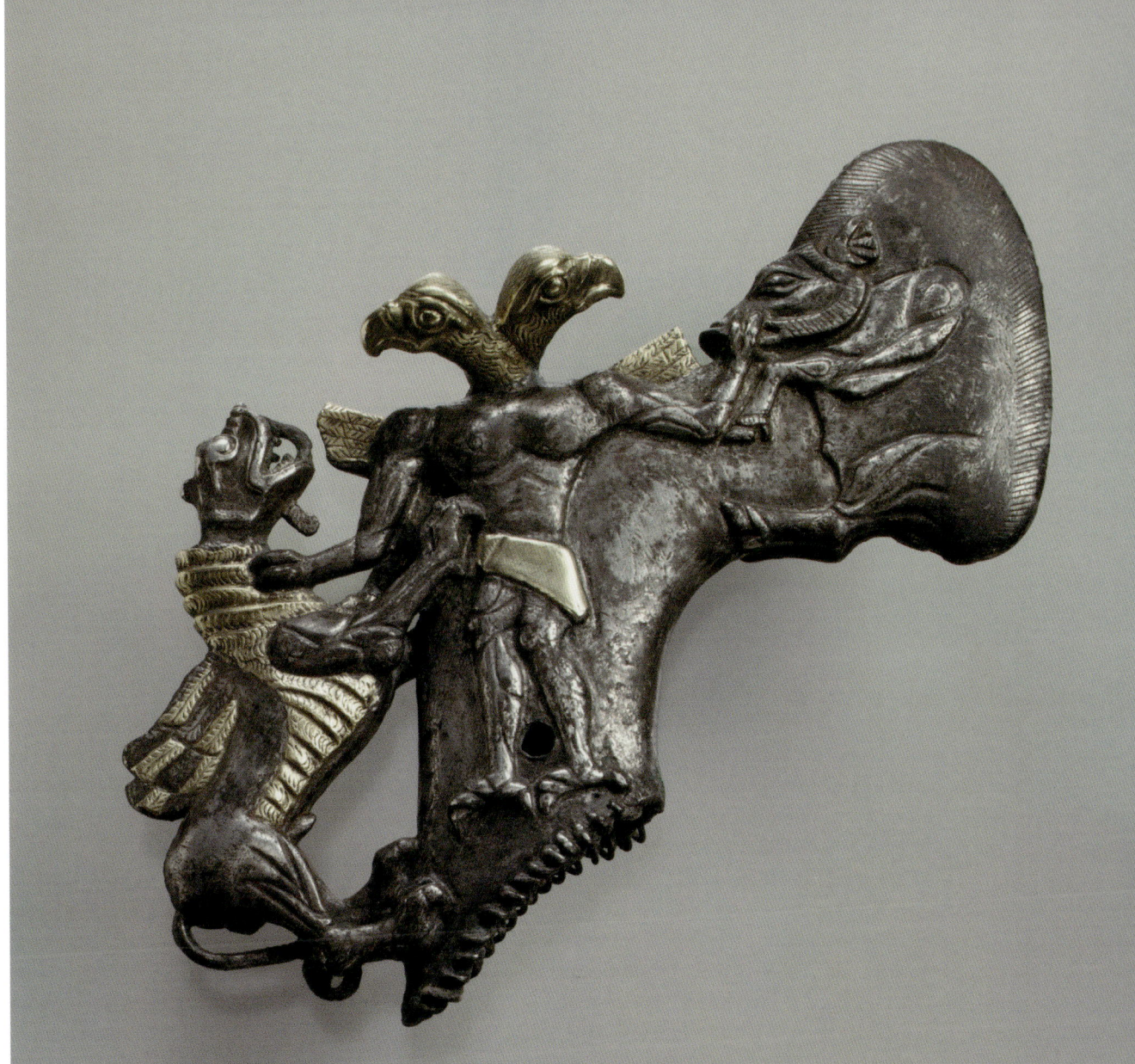

Celle-ci se démarque néanmoins par son décor extrêmement élaboré qui convoque, semble-t-il, des puissances surnaturelles. Un combat mythologique s'y dessine, engagé entre trois protagonistes à l'allure fantastique. Au centre, un héros ailé bicéphale à tête de rapace domine entièrement la scène. Dans l'attitude du maître des animaux, il maîtrise deux adversaires redoutables : à sa droite un dragon ailé au corps de lion et à tête de serpent qu'il tient au collet, à sa gauche un sanglier géant dont il maintient fermement la hure et dont l'échine forme la lame de la hache. Le génie hybride, au corps puissant et musculeux, est vêtu ici d'un simple pagne doré à la feuille, comme le sont ses ailes et ses

This axe head stands out for its extremely elaborate decoration, which seems to summon supernatural powers. It depicts a mythological battle between three fantastical-looking protagonists. In the center, a two-headed winged hero with the head of a bird of prey dominates the entire scene. As Master of Animals, he overpowers two formidable adversaries: to his right, a winged dragon with the body of a lion and the head of a snake, and to his left, a giant boar whose hindquarters he firmly holds and whose spine forms the blade of the axe head. The composite genie, with his powerful, muscular body, is dressed here in a simple gilded loincloth, as are his wings and the raptor heads embossed on the

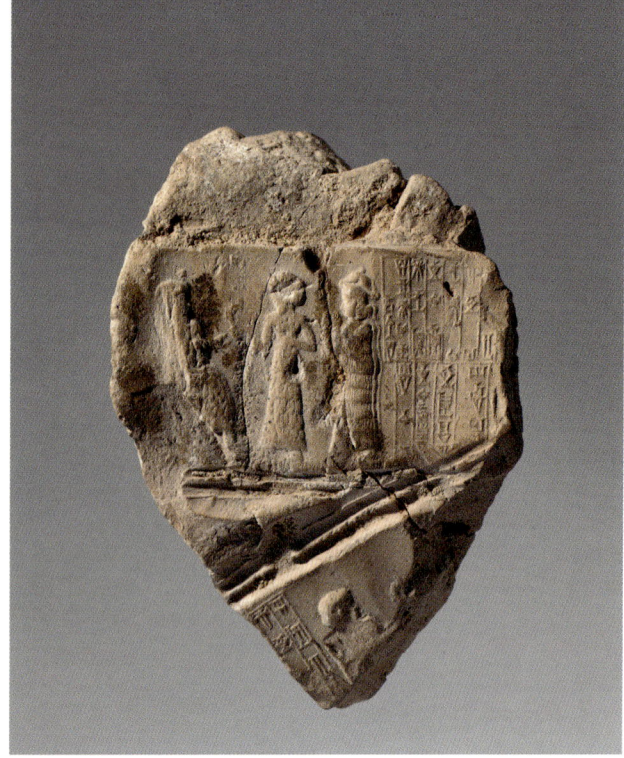

Fig. 5.2

Musée du Louvre, département des Antiquités orientales, inv. Sb 2294

H. 2,6 cm ; l. 4,8 cm ; ép. 2,6 cm

Empreinte du sceau de Kuk-Simut

Argile
Âge du Bronze moyen, vers 2100-2000 av. J.-C.
Iran, Suse
Fouilles sous la direction de Roland de Mecquenem, 1925

À la même époque, en Iran du Sud-Ouest, les haches font partie des insignes honorifiques remis aux plus hauts dignitaires élamites. En témoigne cette scène d'investiture : le scribe Kuk-Simut y reçoit du roi, peut-être déifié, une hache d'apparat ornée d'une tête de serpent crachant la lame.

Impression of the seal of Kuk-Simut

Clay
Middle Bronze Age, *ca.* 2100-2000 B.C.
Iran, Susa
Excavated under the direction of Roland de Mecquenem, 1925

During the same period, in southwestern Iran, axes were part of the honorific badges given to the highest Elamite dignitaries, as shown by this investiture scene: the scribe Kuk-Simut receives from the possibly deified king a ceremonial axe adorned with a snake head whence the blade comes out.

deux têtes de rapaces rapportées au repoussé sur le col de la hache. Bien connu dans le répertoire iconographique de la civilisation centre-asiatique, il apparaît sur de nombreux supports figurés, notamment sur les cachets en argent ou en bronze, même si le plus souvent il n'est doté que d'une seule tête[2]. Un exemplaire du Louvre (fig. 5.4) le présente agenouillé s'appuyant sur les montagnes qui l'encadrent.

Ce génie anthropomorphe à tête de rapace tient une place particulière dans l'univers des croyances centre-asiatiques : il y seconde la divinité principale du panthéon, la grande déesse de la fertilité et de la fécondité, dans son combat saisonnier contre les forces à l'œuvre dans la nature. Celles-là-mêmes qui, sans être maléfiques à proprement parler, comme le dragon et le sanglier, retiennent néanmoins les eaux vives et détruisent la végétation une partie de l'année, et pourraient à terme mettre en péril la bonne marche du monde. C'est ainsi qu'il les domine ici sans les tuer, avec la force supérieure des guerriers et des héros. Cette composition sophistiquée pourrait refléter le vieux fonds de croyances centre-asiatique, peut-être même un épisode mythologique singulier qui nous échappe largement faute d'écrits contemporains. Le choix de la thématique, celui des matériaux précieux et les techniques adoptées placent en tout cas d'emblée cette hache dans le champ des objets les plus prestigieux de la civilisation dite bactrio-margienne.

Noëmi Daucé

neck of the axe head. Well-known in the iconographic repertoire of the Central Asian civilization, he appears on numerous figurative media, notably on silver or bronze seals, even though he is most often endowed with a single head.[2] An example in the Louvre (fig. 5.4) shows him kneeling, leaning on the mountains that frame him.

This anthropomorphic genie with the head of a bird of prey holds a special place in the universe of Central Asian beliefs: he supports the pantheon's principal divinity, the great goddess of fertility and fecundity, in her seasonal battle against the forces at work in nature. These forces, while not strictly speaking evil, such as the dragon and the boar, nonetheless hold back living waters and destroy vegetation for part of the year and could ultimately jeopardize the smooth running of the world. This is how he dominates them here, without killing them, with the superior strength of warriors and heroes. This sophisticated composition may reflect an old Central Asian belief system, perhaps even a singular mythological episode that has mostly escaped us due to a lack of contemporary writings. In any case, the choice of theme and of precious materials as well as the techniques adopted place this axe among the most prestigious objects of the so-called Bactrian-Margiana civilization.

Noëmi Daucé

Bibliographie
Bibliography

Amiet, 1966
Pierre Amiet, *Elam*, Auvers-sur-Oise, Archée, 1966.

Amiet, 1986
Pierre Amiet, *L'âge des échanges inter-iraniens. 3500-1700 avant J.-C.* (Notes et documents des musées de France 11), Paris, Éditions de la Réunion des Musées nationaux, 1986, p. 195, 197, 205 et 317, fig. 173.

Annual Report of the Trustees of The Metropolitan Museum of Art 112 (July 1,1981 - June 30, 1982), p. 18.

Aruz, 2003
Joan Aruz, « Shaft-hole axe with a bird-demon, boar, and winged dragon », dans Joan Aruz, avec Ronald Wallenfels (dir.), *Art of the first cities. The third millennium B.C. from the Mediterranean to the Indus* (catalogue d'exposition, New York, The Metropolitan Museum of Art, 8 mai – 17 août 2003), New York, New Haven et Londres, The Metropolitan Museum of Art et Yale University Press, 2003, n° 264, p. 373-374.

Francfort, 2005
Henri-Paul Francfort, « Images du combat contre le sanglier en Asie centrale (3ème au 1er millénaire av. J.-C.) », *Bulletin of the Asia Institute* 16 (2002), 2005, p. 117-42.

Francfort, 2016
Henri-Paul Francfort, « Flying in Steppe: Pictures of Bird Hybrids in the Arts of Ancient Central Asia », dans A. P. Derevyanko et V. I. Molodin (dir.), *Altai among the Eurasian antiquities*, Novosibirsk, IAE SB RAS Publishing, 2016, p. 185-200.

Muscarella, 1992
Oscar W. Muscarella, « Ancient Art. Gifts from the Norbert Schimmel Collection », *The Metropolitan Museum of Art Bulletin* 49, 1992, n° 6, p. 53.

Parpola, 2011
Asko Parpola, « Motifs of Early Iranian, Mesopotamian and Harappan Art (and Script) Reflecting Contacts and Ideology », dans T. Osada et M. Witzel (dir.), *Cultural relations between the Indus and the Iranian Plateau during the third millennium BCE*, Cambridge, Department of South Asian Studies, Harvard University, 2011, p. 276, fig. 6.

Pittman, 1984
Holly Pittman, *Art of the Bronze Age: southeastern Iran, western Central Asia, and the Indus Valley*, New York, The Metropolitan Museum of Art, 1984, p. 76-77, fig. 36.

Potts, 1994
Timothy Potts, *Mesopotamia and the East. An archaeological and historical study of foreign relations ca. 3400-2000 B.C.* (Monograph 37), Oxford, Oxford University Committee for Archaeology, 1994, p. 173, fig. 27.

Sarianidi, 1998
Viktor Ivanovich Sarianidi, *Myths of ancient Bactria and Margiana on its seals and amulets*, Moscou, Pentagraphic Ltd, 1998.

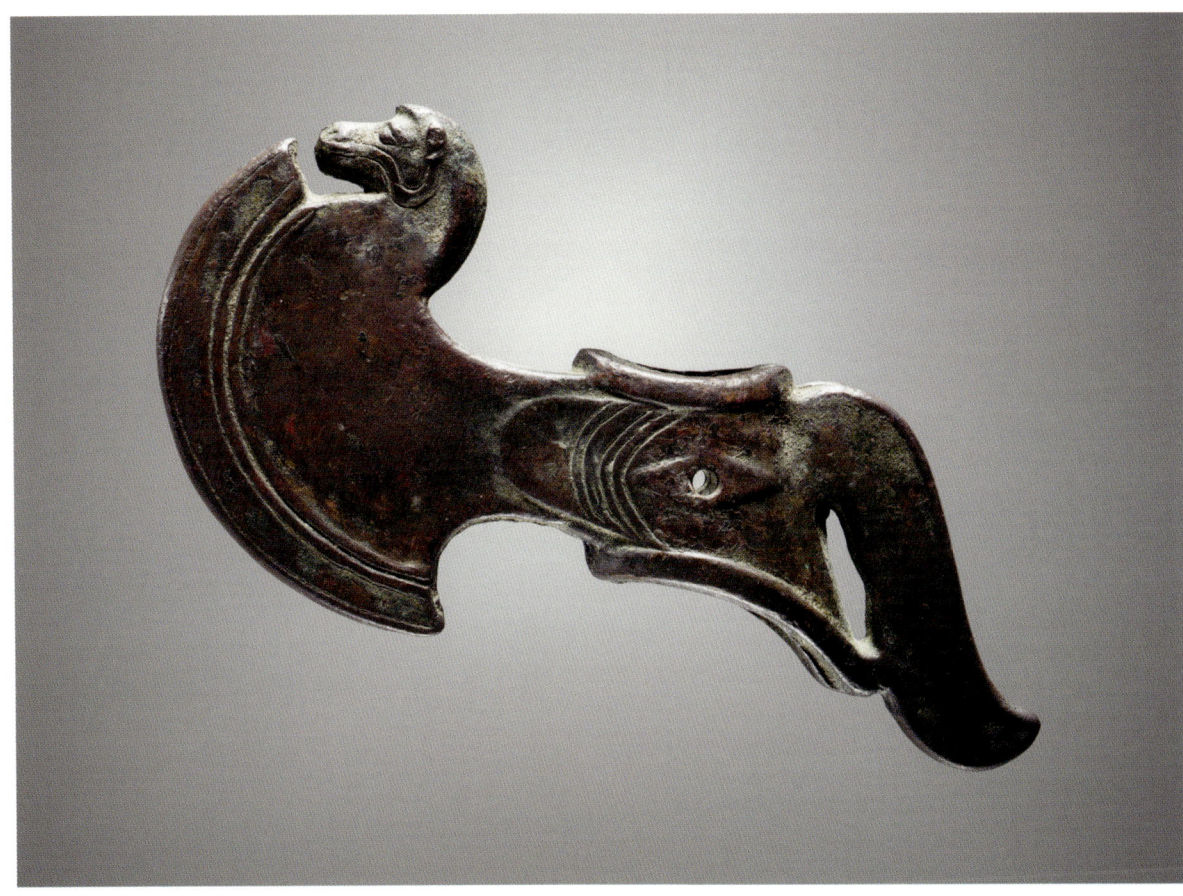

Fig. 5.3

Musée du Louvre, département des Antiquités orientales, inv. AO 24799

H. 8,6 cm ; l. 15 cm

Hache ornée d'une tête de cheval
Alliage cuivreux
Âge du Bronze moyen,
vers 2100-1900 av. J.-C.
Asie centrale (ancienne Bactriane)
Don, David David-Weill, 1972

Axe with horse's head
Copper alloy
Middle Bronze Age, *ca.* 2100-1900 B.C.
Central Asia (ancient Bactria)
Gift, David David-Weill, 1972

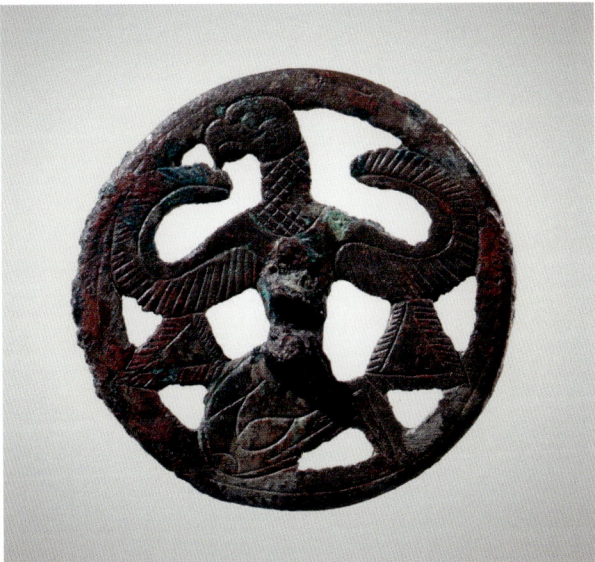

Fig. 5.4

Musée du Louvre, département des Antiquités orientales, inv. AO 26494

Diam. 5,4 cm

Cachet compartimenté orné d'un génie ailé agenouillé et s'appuyant sur des montagnes
Alliage cuivreux
Âge du Bronze moyen, vers 2200-1700 av. J.-C.
Asie centrale (ancienne Bactriane)
Don, Mohsen Foroughi, 1977

Open-work compartment stamp-seal with kneeling winged genius leaning on mountains
Copper alloy
Middle Bronze Age, *ca.* 2200-1700 B.C.
Central Asia (ancient Bactria)
Gift, Mohsen Foroughi, 1977

---

1. AMIET, 1966, p. 258.
2. SARIANIDI, 1998, p. 25-26.

1. AMIET, 1966, p. 258.
2. SARIANIDI, 1998, p. 25-26.

6 Gobelet à décor de rapaces
Beaker with birds of prey

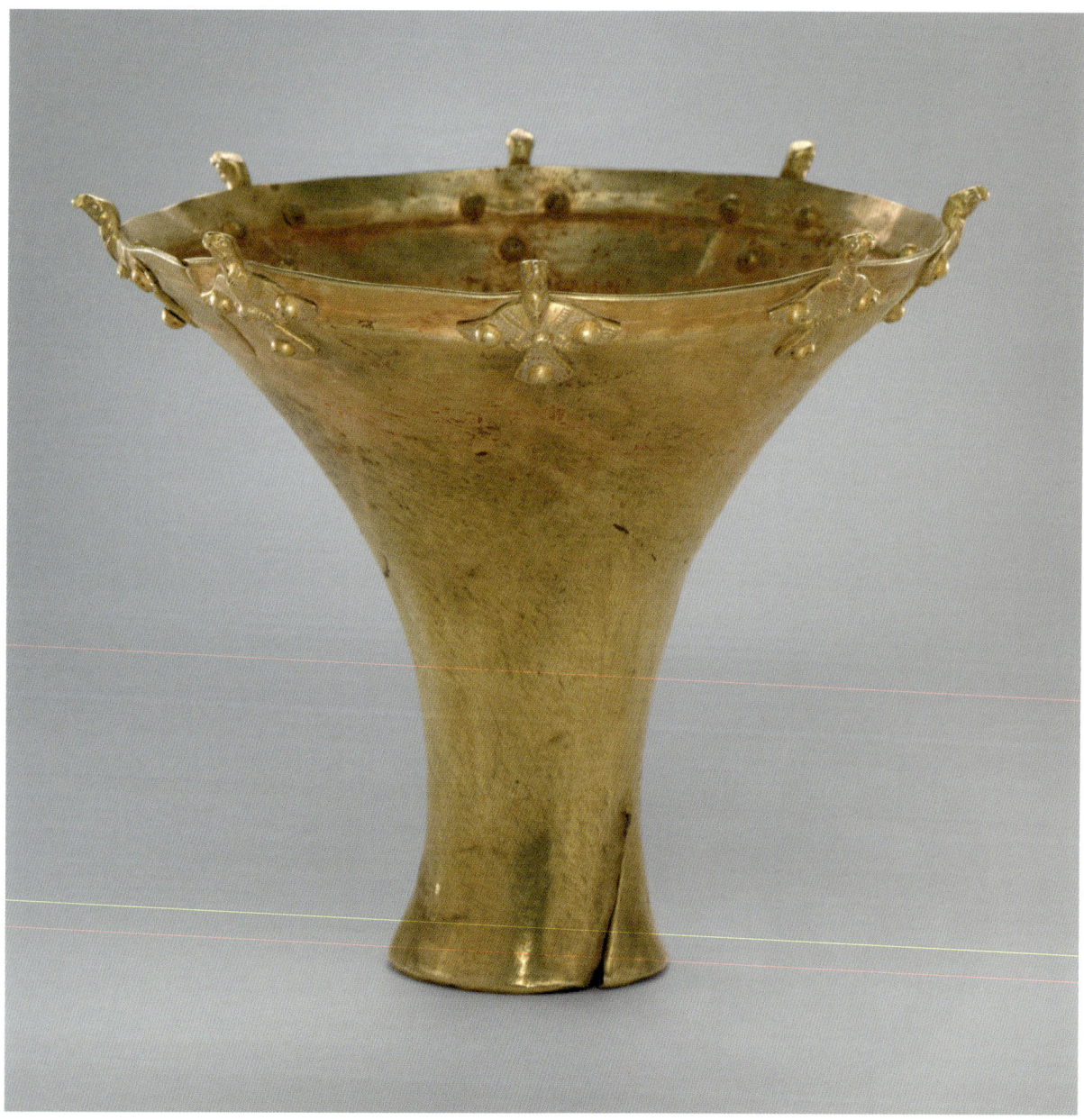

Fig. 6.1

The Metropolitan Museum of Art,
Department of Ancient Near Eastern Art;
Gift of Norbert Schimmel Trust, 1989,
inv. 1989.281.38

H. 12 cm ; L. 13,3 cm

Gobelet à décor de rapaces

Électrum
Âge du Bronze moyen, vers 2200-1700 av. J.-C.
Asie centrale (ancienne Bactriane, Margiane)
Vers 1982, collection Norbert Schimmel, New York ;
don, Norbert Schimmel Trust, 1989

Beaker with birds of prey

Electrum
Middle Bronze Age, *ca.* 2200–1700 B.C.
Central Asia (ancient Bactria, Margiana)
By 1982, collection of Norbert Schimmel, New York;
gift, Norbert Schimmel Trust, 1989

Entre 2200 et 1700 avant J.-C. environ, l'Asie centrale est réputée pour sa production d'objets en métaux précieux. Parmi eux, la vaisselle en or, en électrum ou en argent, tient une place de premier rang. De nombreux gobelets, coupes, pyxides et vases ont ainsi été retrouvés dans les tombes de l'aristocratie guerrière, sur ce vaste territoire qui s'étend de l'Ouzbékistan au nord de l'Afghanistan.

Similaire à certains de ces vases, ce remarquable gobelet en électrum, un alliage naturel d'or et d'argent, est orné dans sa partie supérieure de rapaces rivetés sur le pourtour de son col. Par sa forme, avec son pied étroit qui se resserre légèrement avant de s'évaser, ce vase relève d'une typologie bien connue dans l'ensemble du monde centre-asiatique. Dans le sillage de Pierre Amiet, on les appelle « vases en cornet ». Attestés dans un large éventail de matériaux, en métal [1], en pierre comme en terre cuite, ces récipients étaient probablement produits par des artisans locaux. Les plus prestigieux étaient ornés de décors historiés, géométriques ou animaliers, déroulés sur les parois internes de la panse [2] ou comme ici à l'extérieur.

Leur destination fait encore l'objet de débats. Vases à boire, certains d'entre eux avaient sans doute une fonction rituelle. C'est ce que laisse penser un cachet du Louvre (fig. 6.2). La grande déesse de la fertilité et de la fécondité, figure principale du panthéon régional, y apparaît assise sur un animal fantastique, le dragon-serpent, qu'elle domine. Elle porte à ses lèvres un vase dont la forme est tout à fait semblable à celui du Metropolitan Museum of Art.

Between 2200 and 1700 B.C., Central Asia was renowned for its production of precious metal objects. Among these, gold, electrum, and silver vessels were of prime importance. Numerous beakers, bowls, pyxides and vases have been found in the tombs of the warrior aristocracy in this vast territory stretching from Uzbekistan to northern Afghanistan. Similar to some of those vessels is this remarkable beaker made of electrum, a natural alloy of gold and silver. It is decorated at the top with birds of prey riveted around the neck. The shape of this beaker, with its narrow base and body that curves gently inward before flaring out, reflects a typology well known throughout the Central Asian world. Based on Pierre Amiet's scholarship, they are known as "cornet vases." Attested in a wide range of materials, from metal [1] and stone to terracotta, these vessels were probably produced by local craftsmen. The most prestigious were decorated with narrative, geometric, or animal designs, appearing on the inner walls of the body [2] or, as here, on the outside.

Their purpose is still a matter of debate. Although some of them were drinking vessels, they very likely had a ritual function. A stamp seal in the Louvre suggests as much (fig. 6.2). The great goddess of fertility and fecundity, a key figure in the regional pantheon, appears seated on a fantastic animal, the snake-dragon, which she dominates. She holds to her lips a vessel whose shape is very similar to that of The Metropolitan Museum of Art beaker.

Fig. 6.2

Musée du Louvre, département des Antiquités orientales, inv. AO 26067

H. 2 cm ; diam. 6 cm

Cachet compartimenté avec déesse assise sur un dragon

Alliage cuivreux
Iran, désert de Lut ?
Âge du Bronze moyen, vers 2200-1700 av. J.-C.
Don, Mohsen Foroughi, 1975

Open-work compartment stamp-seal with goddess seated on a dragon

Copper alloy
Iran, Lut Desert ?
Middle Bronze Age, ca. 2200–1700 B.C.
Gift, Mohsen Foroughi, 1975

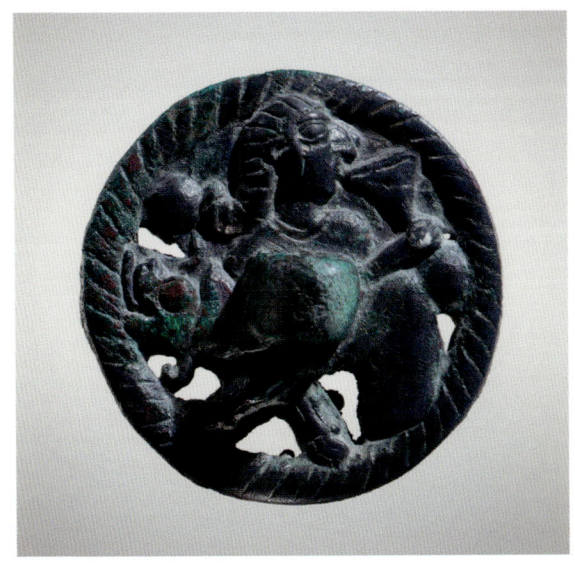

Les huit appliques en forme d'oiseau de proie placées sur son pourtour le rendent néanmoins impropre à toute forme de consommation, quand bien même serait-elle rituelle. Il s'agit plus probablement d'un vase cérémoniel, peut-être destiné à effectuer des libations. Il s'agit d'un usage attesté sur le décor d'une pyxide du Louvre (fig. 6.3), qui met en scène deux officiants du culte devant une table couverte d'offrandes, dressée pour la grande déesse qui assiste à la cérémonie, assise sur un trône. Le premier d'entre eux élève un vase en cornet en signe d'offrande. Le contenu nous est inconnu, nul doute qu'il est puisé dans les grandes jarres de forme similaire présentes sur la scène également.

L'iconographie nous incite elle aussi à tourner le regard vers l'univers des croyances. Les oiseaux, et les rapaces en particulier, sont courants dans l'imagerie cultuelle de l'Asie Centrale. Ils sont représentés en groupe ou isolés, aussi bien sous forme de figurines et de statuettes que dans la glyptique (fig. 6.4) ou sur des objets de parure : épingles, amulettes ou pendentifs Appartenant au monde sauvage de la même manière que les grands prédateurs habituellement représentés (sangliers, félins, serpents, scorpions), les rapaces se singularisent par leur capacité à maîtriser certains de leurs adversaires, notamment les serpents.

The eight bird-of-prey-shaped applied ornaments around its rim, however, make it unsuitable for any form of consumption, even ritual consumption. It is more likely a ceremonial vessel, perhaps intended for libations. This use is attested by the decoration on a pyxis at the Louvre (fig. 6.3), which features two cult officiants in front of a table covered with offerings, set up for the great goddess who is seated on a throne and attending the ceremony. The first of them raises a "cornet vase" in offering. The contents are unknown to us but are undoubtedly drawn from the large jars of similar shape also present in the scene.

The iconography is also likely related to belief systems. Birds, and birds of prey in particular, are common in Central Asian cult imagery. They are represented in groups or on their own, in the form of figurines and statuettes, as well as in glyptic arts (fig. 6.4) or on ornaments such as pins, amulets or pendants. Belonging to the world of powerful forces of nature in the same way as large predators who are usually represented (wild boars, felines, snakes, scorpions), birds of prey stand out for their ability to subdue some of their adversaries, particularly snakes.

Fig. 6.3

Musée du Louvre, département des Antiquités orientales, inv. AO 31881

H. 13,4 cm ; diam. 21 cm

Pyxide à scène de banquet mythologique

Argent
Âge du Bronze moyen, vers 2200–1700 av. J.-C.
Asie centrale (ancienne Bactriane)
Collection Muhammad Khan ; achat, Robert Haber Ancient Arts, 2002

Pyxis with mythological banquet scene

Silver
Middle Bronze Age, ca. 2200–1700 B.C.
Central Asia (ancient Bactria)
Muhammad Khan Collection; purchase, Robert Haber Ancient Arts, 2002

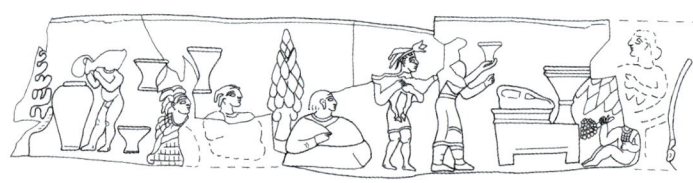

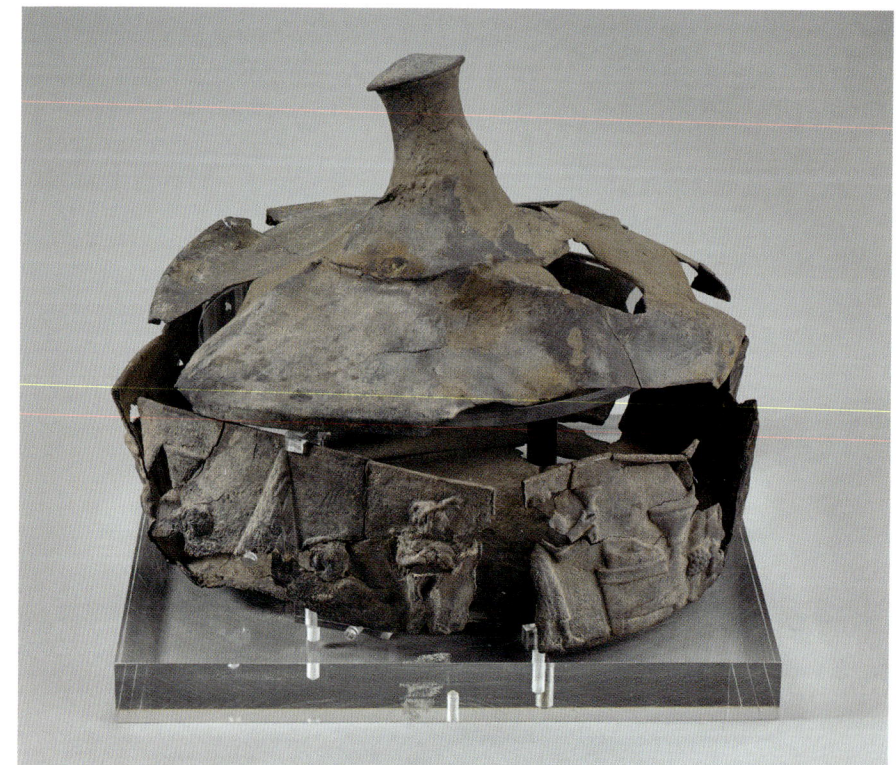

Fig. 6.4

Musée du Louvre, département des Antiquités orientales, inv. AO 28295

H. 3,65 cm ; L. 3,3 cm ; ép. 1,15 cm

Cachet biface de type dit « du Murghab » : aigle aux ailes éployées entre des serpents

Chlorite
Âge du Bronze moyen,
vers 2100-1550 av. J.-C.
Turkménistan, région du Murghab ?
Don, Bordet, 1984

Stamp seal of "Murghab type": eagle with outstretched wings between snakes

Chlorite
Middle Bronze Age, *ca.* 2100–1550 B.C.
Turkmenistan, Murghab region?
Gift, Bordet, 1984

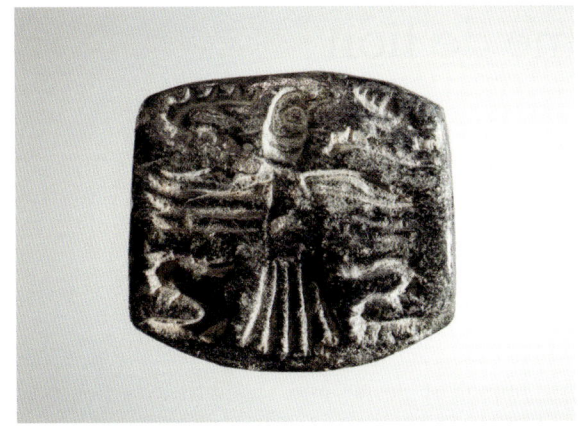

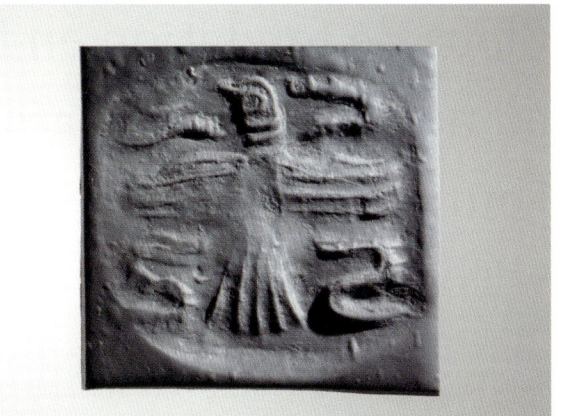

Bibliographie
Bibliography

Francfort, 2005
Henri-Paul Francfort, « Observations sur la toreutique de la civilisation de l'Oxus », dans O. Bopearachchi et M.-F. Boussac (dir.), *Afghanistan, ancien carrefour entre l'Est et l'Ouest* (Indicopleustoi. Archaeologies of the Indian Ocean 3), Turnhout, Brépols, 2005, p. 21–64.

Lyonnet et Dubova, 2021
Bertille Lyonnet et Nadezha Dubova, *The world of Oxus civilization*, New York et Londres, Routledge, 2021.

Muscarella, 1992
Oscar W. Muscarella, « Ancient Art: Gifts from the Norbert Schimmel Collection », *The Metropolitan Museum of Art Bulletin* 49, n° 4 (Spring 1992), 1992, n° 29, p. 56.

Pittman, 1984
Holly Pittman, *Art of the Bronze Age: Southeastern Iran, Western Central Asia, and the Indus Valley*, New York, The Metropolitan Museum of Art, p. 64 et 68–69, fig. 31.

Sarianidi, 1998
Viktor Ivanovich Sarianidi, *Myths of ancient Bactria and Margiana on its seals and amulets*, Moscou, Pentagraphic Ltd, 1998.

Wemhoff, Nawroth et Weiss, 2018
Matthias Wemhoff, Manfred Nawroth et Reiner-Maria Weiss, *Margiana, ein Königreich der Bronzezeit in Turkmenistan*, Berlin, Michael Imhof Verlag, 2018.

Ce n'est pas le cas sur ce gobelet. Ici, à l'instar d'une figurine découverte dans la nécropole royale de Gonur Dépé (Turkménistan)[3], les rapaces sont saisis en plein vol, les ailes éployées. Appartenant par leur nature même au domaine céleste, ils sont parfois associés à la grande déesse ou encore au génie à tête de rapace qui la seconde[4]. L'aspect héraldique des appliques rivetées n'est pas sans rappeler la glyptique contemporaine (fig. 6.4). Selon Victor Sarianidi, l'aigle ou l'oiseau de proie, compagnon des dieux, aurait, à l'image du serpent, des vertus bénéfiques[5].

Parmi la grande variété des espèces attestées dans la région, les oiseaux carnivores – prédateurs ou charognards –, aigles et vautours, sont souvent privilégiés, quel que soit le support. Animaux puissants, ils sont traités sur un même pied que les félins. Néanmoins, dans la mesure où ils participent aussi au décharnement des corps, ils sont par là même étroitement liés à la mort, qui relève du monde céleste dans l'univers des croyances centre-asiatiques. C'est peut-être sous ce double aspect qu'ils sont ici convoqués, animant les parois d'un vase de prestige, qui conjuguerait fonctions rituelles et funéraires.

Noëmi Daucé

This is not the case with this beaker. Here, like a figurine discovered in the royal necropolis of Gonur Dépé (Turkmenistan),[3] the birds of prey are captured in full-flight, wings outstretched. Belonging by their very nature to the celestial realm, they are sometimes associated with the great goddess or with the raptor-headed genie who assists her.[4] The heraldic aspect of riveted applied ornaments is reminiscent of contemporary glyptic arts (fig. 6.4). According to Victor Sarianidi, the eagle or bird of prey, companion of the gods, is said to have beneficial virtues, like the snake.[5]

Among the wide variety of species attested in the region, carnivorous birds—predators or scavengers—eagles and vultures are often favored, whatever the medium. As powerful animals, they are considered as equals to felines. However, insofar as they are involved in the removal of bodies, they are closely linked to death, which is part of the celestial world in Central Asian beliefs. It is perhaps under this double aspect that they are summoned here, animating the walls of a prestigious vessel, and combining ritual and funerary functions.

Noëmi Daucé

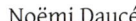

1. Le Met conserve un exemplaire en argent (inv. 1982.140.1), le Louvre en conserve plusieurs en terre cuite (inv. AO 26108, AO 26110).
2. Voir le vase en argent découvert à Gonur Depe (Turkménistan) dans l'hypogée 3235 : LYONNET et DUBOVA, 2021, p. 341.
3. WEMHOFF, NAWROTH et WEISS, 2018, cat. 156, p. 207.
4. FRANCFORT, 1994, p. 408.
5. SARIANIDI, 1998, p. 40-45.

1. The Met keeps a silver example (inv. 1982.140.1), while the Louvre houses several terracotta examples (inv. AO 26108, AO 26110).
2. See the silver vase discovered at Gonur Depe (Turkmenistan) in the hypogeum 3235: LYONNET and DUBOVA, 2021, p. 341.
3. WEMHOFF, NAWROTH and WEISS, 2018, cat. 156, p. 207.
4. FRANCFORT, 1994, p. 408.
5. SARIANIDI, 1998, p. 40-45.

7 Clous de fondation en forme de lion au nom du roi Tish-atal

Foundation pegs in the form of a lion with the name of king Tish-atal

Animal du pouvoir et de la force, le lion a fréquemment été utilisé comme figure gardienne des bâtiments les plus emblématiques des royaumes du Proche-Orient ancien. Dans les deux exemples ici rassemblés, l'un conservé au Metropolitan Museum of Art (The Met) de New York et l'autre au musée du Louvre, l'animal est résumé à son avant-train, d'où émerge une gueule menaçante et des pattes avant larges et puissantes, qui se plaquent et ancrent leurs griffes, qu'elles maintiennent en place avec force sur une sorte de plateau ou table peu épaisse. Sur l'arrière du cou, les poils de l'animal du Louvre dessinent une étoile, un motif très souvent associé à ce fauve, placé sur son dos ou sur ses flancs. Le bas du corps des deux fauves est escamoté, l'arrière-train et les pattes remplacés par une sorte de grosse pointe, rappelant la partie basse des clous de fondation, destinée à pouvoir ancrer l'objet et les édifices religieux dans la terre. Une tablette en albâtre, inscrite, logée sous le petit plateau de cuivre du lion du Louvre est, elle aussi, bloquée et protégée par l'animal.

L'ensemble du lion conservé au musée du Louvre est inscrit à deux reprises du même texte, sur la tablette de cuivre et sur celle de pierre. Cette inscription, en écriture cunéiforme transcrivant la langue hourrite, nous éclaire sur le contexte historique de l'objet et confirme sa fonction hautement protectrice. On y lit « *Tish-atal, souverain d'Urkesh, a construit un temple pour le dieu Nergal. Puisse le dieu Lubadag protéger ce temple. Qui le détruirait, que Lubadag le détruise et que son dieu n'écoute pas sa prière. Qui le détruirait, puissent la Dame de Nagar, Shimiga, et le dieu de l'Orage dix mille (fois) maudire* ». La tablette de cuivre du lion du Met est malheureusement trop corrodée pour permettre une lecture complète de son texte. Le hurrite, dont ces vestiges sont à ce jour la plus ancienne attestation, était la langue parlée et écrite par les Hurrites, habitants des régions septentrionales de la Mésopotamie, du Kurdistan et du Zagros.

An animal of power and strength, the lion was frequently used as a guardian figure in the most emblematic buildings of ancient Near Eastern kingdoms. In the two examples gathered here, one housed at The Metropolitan Museum of Art in New York and the other at the Louvre, the animal is reduced to its forequarters, from which emerge a menacing mouth and broad, powerful front paws. These paws anchor their claws with force on a kind of thin table or tray. The hairs on the back of the neck of the Louvre lion form a star, a motif very often associated with this feline, placed on its back or flanks. The lower part of the two felines' bodies is retracted, the hindquarters and legs replaced by a kind of large nail, reminiscent of the lower part of foundation pegs, intended to anchor the object and religious buildings in the earth. Beneath the copper tray of the Louvre lion, an inscribed alabaster tablet is also blocked and protected by the animal.

The lion preserved in the Louvre is inscribed twice with the same text, on the copper tablet and on the stone tablet. This inscription, in cuneiform script transcribing the Hurrian language, sheds light on the object's historical context and confirms its highly protective function. It reads: "*Tish-atal, ruler of Urkesh, built a temple for the god Nergal. May the god Lubadag protect this temple. Who would destroy it, may Lubadag destroy it and may his god not hear his prayer. Who would destroy it, may the Lady of Nagar, Shimiga, and the god of Storm curse ten thousand (times).*" Unfortunately, the copper tablet of The Met lion is too corroded to allow a complete reading of its text. Hurrian was the language spoken and written by the Hurrians, inhabitants of the northern regions of Mesopotamia, Kurdistan and the Zagros. So far, these vestiges are the oldest known example of the Hurrian language.

Fig. 7.1

The Metropolitan Museum of Art, Department of Ancient Near Eastern Art ; Purchase, Joseph Pulitzer Bequest, 1948, inv. 48.180

H. 11,7 cm ; l. 8,1 cm ; ép. 8,4 cm

Clou de fondation en forme de lion au nom du roi Tish-atal

Alliage cuivreux
Inscriptions cunéiformes en langue hurrite
Vers 2200-2100 av. J.-C.
Syrie, Tell Mozan (ancienne Urkesh) ?
Avant 1948, marché de l'art parisien ; achat, Charles L. Morley, New York, 1948

Foundation peg in the form of a lion, inscribed with the name of king Tish-atal

Copper alloy
Cuneiform inscriptions in Hurrian
Ca. 2200-2100 B.C.
Syria, Tell Mozan (ancient Urkesh)?
Before 1948, Parisian art market; purchase, Charles L. Morley, New York, 1948

Fig. 7.2

Musée du Louvre, département des Antiquités orientales, inv. AO 19937, AO 19938

H. 12,2 cm ; l. 8,4 cm ; ép. 8,2 cm

Clou de fondation en forme de lion et tablette au nom du roi Tish-atal

Alliage cuivreux et albâtre
Inscriptions cunéiformes en langue hourrite
Vers 2200-2100 av. J.-C.
Syrie, Tell Mozan (ancienne Urkesh) ?
Don, Société des Amis du Louvre, 1948

Foundation peg in the form of a lion and tablet inscribed with the name of king Tish-atal

Copper alloy and alabaster
Cuneiform inscriptions in Hurrian
Ca. 2200-2100 B.C.
Syria, Tell Mozan (ancient Urkesh)?
Gift, Société des Amis du Louvre, 1948

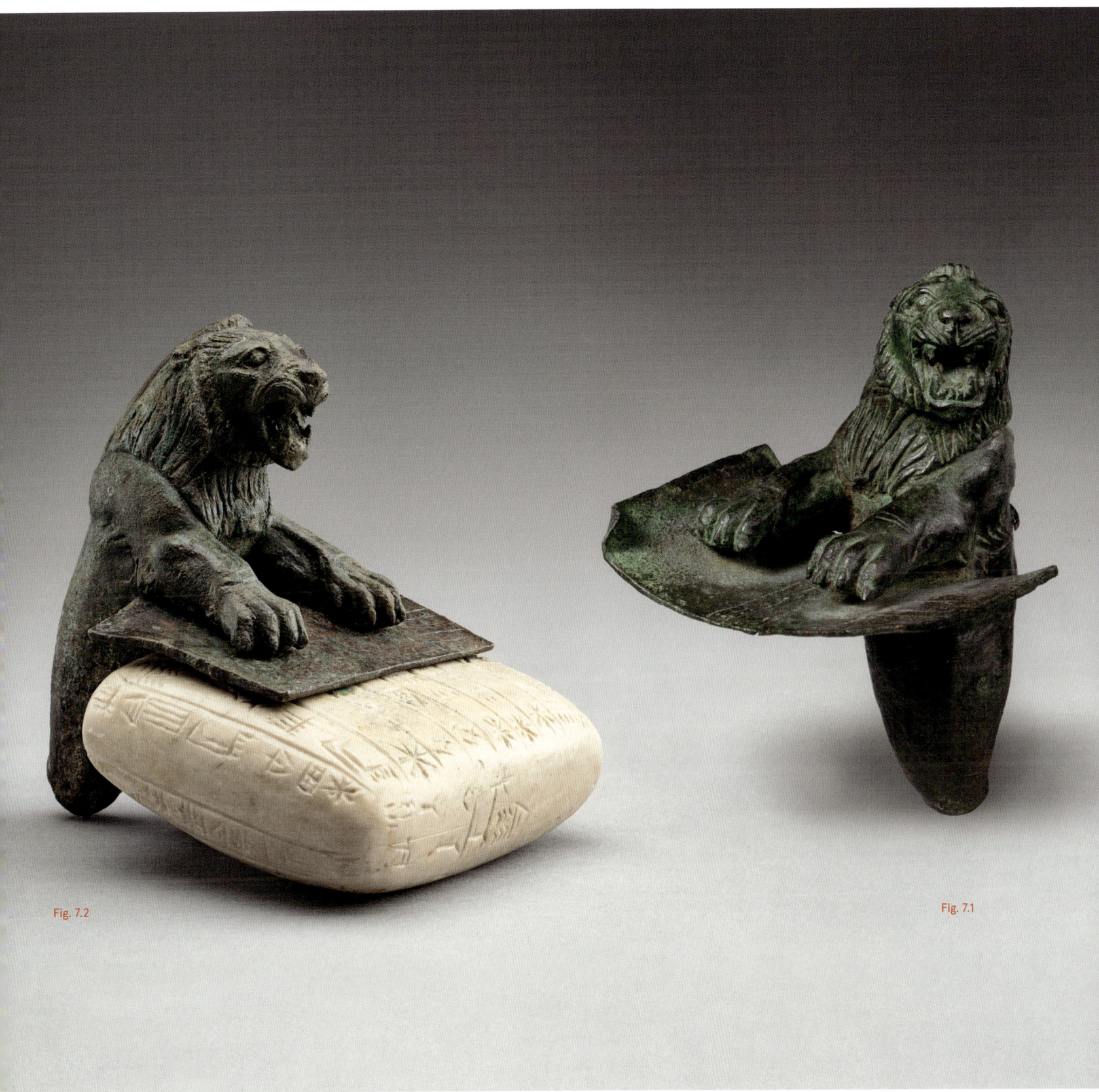

Fig. 7.2

Fig. 7.1

Le style adopté pour ces figurines de fondation, réaliste et dynamique, loin des modèles plus statiques développés au milieu du IIIᵉ millénaire avant J.-C. s'accorde avec ce que l'étude des signes de leur écriture indique en termes de datation, soit contemporaine de la pleine époque d'Akkad, voire de la fin de cet empire. Urkesh est alors un royaume situé au nord de la Mésopotamie, dans une région actuellement en territoire syrien, à proximité immédiate d'importantes zones montagneuses.

Au fil des découvertes récentes, alors que ces deux lions étaient connus depuis 1948, date à laquelle ils ont été acquis par les deux musées, la cité a été identifiée avec le site archéologique de Tell Mozan en Syrie. Les recherches ont par ailleurs montré que sous le roi Tish-atal, Urkesh était un des grands centres politiques de la région, à une époque correspondant plus ou moins à celle du grand Naram-Sîn d'Akkad, voire légèrement après. Dans la ville d'Urkesh, des sceaux au nom d'une certaine Taram'Agade (« elle aime Akkad »), fille de Naram-Sîn, ont été retrouvés et les études récentes tendent à montrer qu'elle pourrait avoir été l'épouse de Tish-atal.

Les deux clous de fondation ici rassemblés étaient sans doute disposés dans une boîte de fondation placée sous la rampe du grand temple du royaume. Les recherches ont montré que si le texte parle du temple de Nergal (KISH.GAL), dieu des Enfers, ce nom pourrait en réalité avoir été utilisé dans ces inscriptions pour désigner une divinité hourrite, Kumarbi, le grand dieu de l'État d'Urkesh.

Sophie Cluzan

The realistic, dynamic style adopted for these foundation figurines is notably different from the more static models that were developed in the middle of the third millennium B.C. This style tends to confirm what the study of their cuneiform signs indicates in terms of dating, that is contemporary with the heyday of the Akkadian period, or even the end of this empire. Urkesh was a kingdom located in northern Mesopotamia, in what is now Syrian territory, in the immediate vicinity of major mountainous areas.

Although these two foundation pegs have been known since 1948, when they were acquired by the two museums, recent discoveries have identified the city of Urkesh with the archeological site of Tell Mozan in Syria. Research has also shown that under King Tish-atal, Urkesh was one of the major political centers of the region, at a time roughly corresponding to that of the great Naram-Sin of Akkad, if not slightly later. In the city of Urkesh, seals bearing the name of a certain Taram'Agade ("she loves Akkad"), daughter of Naram-Sin, have been found, and recent studies seem to indicate that she may have been Tish-atal's wife.

The two foundation pegs gathered here were probably placed in a foundation box under the ramp of the kingdom's great temple. Research has shown that while the text refers to the temple of Nergal (KISH.GAL), god of the Underworld, this name may in fact have been used in these inscriptions to designate a Hurrian deity, Kumarbi, the great god of the state of Urkesh.

Sophie Cluzan

Bibliographie
Bibliography

Bowling et Farwell, 1950
Angela C. Bowlin et Beatrice B. Farwelle, *Small sculptures in bronze. A picture book*, New York, The Metropolitan Museum of Art, 1950, p. 6.

Buccellati, 1988
Giorgio Buccellati et Marilyn Kelly-Buccellati, *Mozan 1. The Soundings of the first two seasons* (Bibliotheca Mesopotamica 20), Malibu, Undena Publications, 1988, p. 93, pl. XXII : 48-50, pl. XXIII : 51.

Buccellati, 2009
Giorgio Buccellati et Marilyn Kelly-Buccellati, « The Great Temple Terrace at Urkesh and the Lions of Tish-atal », dans G. Wilhelm (dir.), *General studies and excavations at Nuzi 11/2. In honor of David I. Owen on the occasion of his 65th birthday October 28, 2005* (Studies on the Civilization and Culture of Nuzi and the Hurrians 18), Bethesda, CDL Press, 2009, p. 33.

Frayne, 1997
Douglas Frayne, *The Royal Inscriptions of Mesopotamia, Early Periods*. Vol. 3/2, *Ur III Period (2112-2004 BC)*, Toronto, University of Toronto Press, 1997, p. 463-464, n° 1.

Lapérouse, 2003
Jean-François Lapérouse, « Foundation pegs », dans J. Aruz, avec R. Wallenfels (dir.), *Art of the first cities. The third millennium B.C. from the Mediterranean to the Indus*, New York, The Metropolitan Museum of Art, 2003, p. 222-223, n° 153b.

Muscarella, 1988
Oscar W. Muscarella, *Bronze and Iron: Ancient Near Eastern artifacts in The Metropolitan Museum of Art*, New York, The Metropolitan Museum of Art, 1988, p. 374-377, n° 495.

Parrot et Nougayrol, 1948
André Parrot et Jean Nougayrol, « Un document de fondation Hurrite », *Revue d'Assyriologie et d'Archéologie Orientale* 42, 1948, p. 2.

Rakic, 2010
Yelena Rakic (dir.), « Discovering the Art of the Ancient Near East: Archaeological Excavations Supported by The Metropolitan Museum of Art, 1931–2010 », *The Metropolitan Museum of Art Bulletin* 68/1, 2010, p. 44.

Rashid, 1983
Subhi Anwar Rashid, « Grüdungsfiguren im Iraq », *Prähistorische Bronzefunde* I, 2, Munich, C.H. Beck, 1983, n° 79, p. 16, pl. 11.

8 Orthostate avec relief : figure assise tenant une fleur de lotus
Orthostat relief: seated figure holding a lotus flower

Fig. 8.1a-b

The Metropolitan Museum of Art, Department of Ancient Near Eastern Art ; Rogers Fund, 1943, inv. 43.135.1

H. 67 cm ; L. 110 cm ; ép. 51 cm

Orthostate avec relief : figure assise tenant une fleur de lotus

Basalte
xᵉ–ixᵉ siècle av. J.-C.
Inscription « *Palais de Kapara, fils de Hadianu* »
Syrie, Tell Halaf (ancienne Guzana), citadelle, palais ouest, façade sud, mur nord de la tour d'angle sud-est n° V, pierre 170
1911–1913, fouilles sous la direction du baron Max von Oppenheim ; cédé dans le cadre du partage des fouilles au baron Max von Oppenheim ; achat, Alien Property Custodian, New York, 1943

Orthostat relief: seated figure holding a lotus flower

Basalt
10th–9th century B.C.
Inscription "*Palace of Kapara, son of Khadianu*"
Syria, Tell Halaf (ancient Guzana), citadel, Western palace, south facade, north wall of the south-east corner bastion no. V, stone 170
1911–1913, excavated under the direction of Baron Max von Oppenheim; ceded to Baron Max von Oppenheim in the division of finds; purchase, Alien Property Custodian, New York, 1943

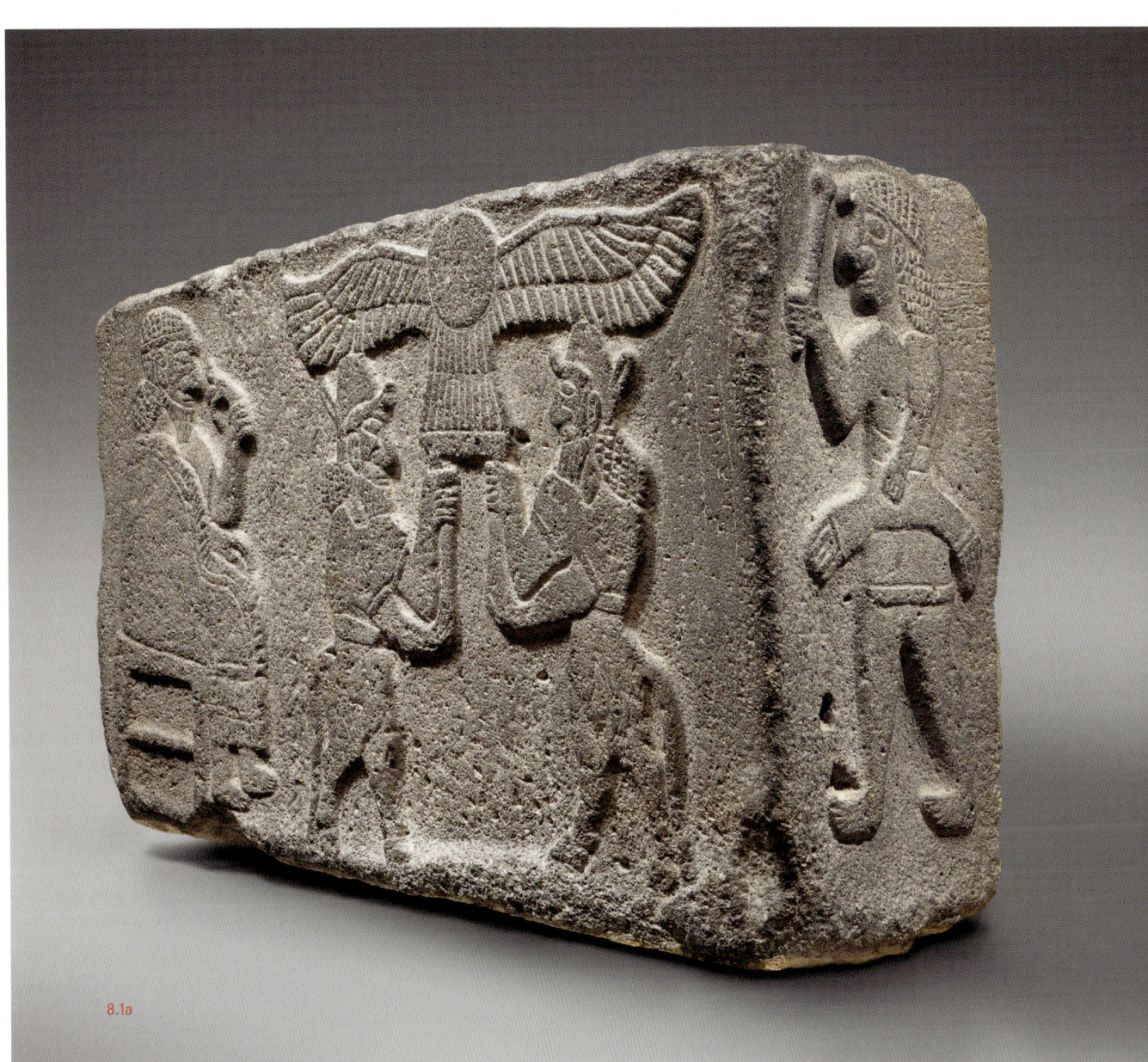

8.1a

8.1b

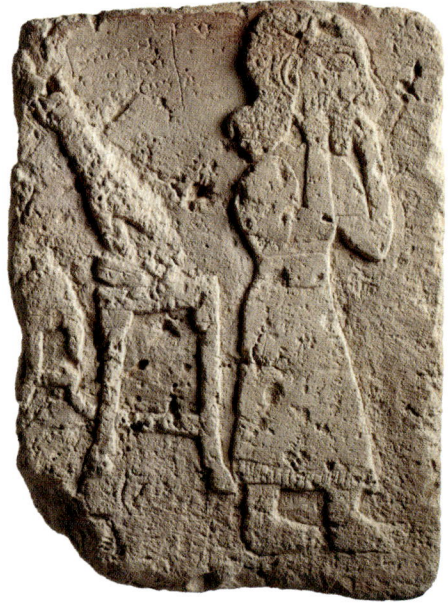

8.2

Ce bloc de basalte, décoré de bas-reliefs sur deux côtés, est un orthostate, une dalle de pierre servant à protéger la base d'un mur en brique crue de la pluie et de l'érosion. Il appartenait à une série d'orthostates qui protégeaient la face sud de la plateforme de brique sur laquelle reposait le palais ouest de la citadelle de la ville araméenne de Guzana.

Le site archéologique actuel de Tell Halaf a été occupé du néolithique jusqu'à l'âge du Fer. Il a été fouillé au début du XXᵉ siècle par l'archéologue et diplomate allemand Max von Oppenheim. Parmi ses découvertes, le palais ouest est assurément le monument le plus saisissant, avec son impressionnant décor fait de statues de basalte et d'orthostates sculptés de reliefs à l'iconographie particulièrement riche et variée. Ce palais, composé de deux longues pièces dont une s'ouvrait sur un long côté par un porche à colonnes, était un *bit hilani*, un type d'architecture palatiale typique de la Syrie de l'âge du Bronze et de l'âge du Fer. L'entrée était située sur la façade nord, donnant sur une grande terrasse pavée à laquelle on accédait depuis un escalier. La façade sud reposait sur le mur de soutènement décoré par des orthostates de basalte et de calcaire. Sur les 240 qui devaient s'y trouver à l'origine, seuls 187 ont été découverts. Ces orthostates n'ont pas été fabriqués pour ce palais mais réemployés. En effet, ils portent plusieurs inscriptions contradictoires écrites en

This basalt block, decorated with bas-reliefs on two sides, is an orthostat, a stone slab used to protect the base of a mud-brick wall from rain and erosion. It belonged to a series of orthostats that protected the southern face of the brick platform on which rested the western palace of the citadel of the Aramaean city of Guzana.

The current Tell Halaf archeological site was occupied from the Neolithic to the Iron Age. It was excavated in the early twentieth century by the German archeologist and diplomat, Max von Oppenheim. Among his discoveries, the western palace is undoubtedly the most striking, with its impressive decor of basalt statues and orthostats sculpted in relief with a particularly rich and varied iconography. This palace, composed of two long rooms, one of which opened onto a long side through a columned porch, was a *bit hilani*, a type of palatial architecture typical of Bronze and Iron Age Syria. The entrance was located on the northern facade, overlooking a large, paved terrace accessed by a staircase. The southern facade rested on a retaining wall decorated with basalt and limestone orthostats. Out of the two hundred and forty orthostats that must have originally stood there, only one hundred and eighty-seven have been found. These orthostats were not made for this palace but reused. In fact, they bear several

Fig. 8.2

Musée du Louvre, département des Antiquités orientales, inv. AO 32496

H. 60 cm ; L. 46 cm ; ép. 7 cm

Orthostate orné d'une scène de culte

Calcaire avec restes de peinture rouge
xᵉ–ixᵉ siècle av. J.-C.
Inscription « Palais de Kapara, fils de Hadianu »
Syrie, Tell Halaf (ancienne Guzana, citadelle, palais ouest, façade sud, mur nord de la tour d'angle sud-est n° V, pierre 171)
Collection Eugène Renard 1923 ; achat, Eugène Renard, 2015

Orthostat relief with a cultic scene

Limestone with traces of red paint
10th–9th century B.C.
Inscription "Palace of Kapara, son of Khadianu"
Syria, Tell Halaf (ancient Guzana, citadel, Western palace, south facade, north wall of the south-east corner bastion no. V, stone 171)
Collection Eugène Renard 1923; purchase, Eugène Renard, 2015

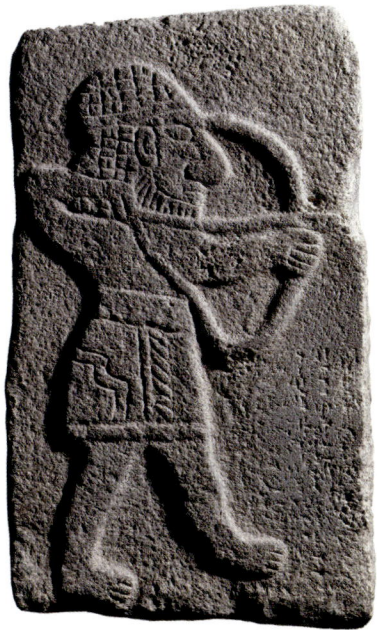

8.3

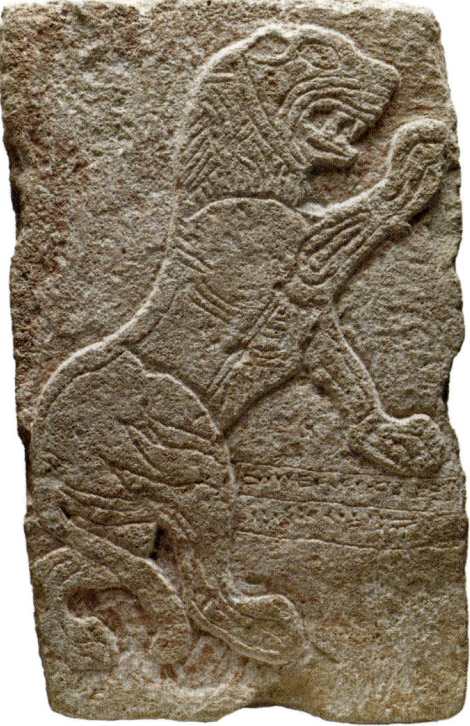

8.4

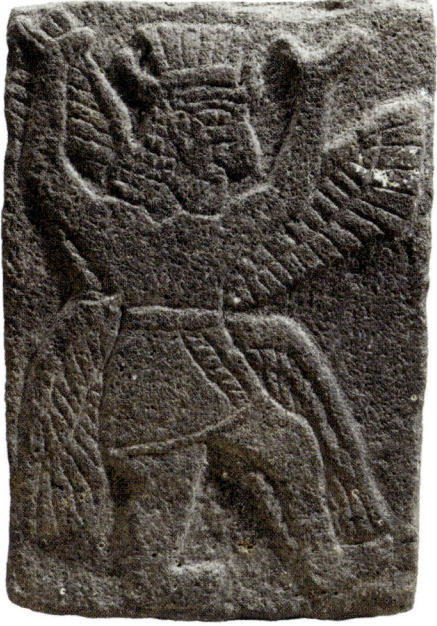

8.5

Fig. 8.3

Musée du Louvre, département des Antiquités orientales, inv. AO 11072

H. 58 cm ; L. 35 cm ; ép. 18 cm

Orthostate orné d'un archer

Basalte
Inscription « *Palais de Kapara, fils de Hadianu* »
xᵉ–ıxᵉ siècle av. J.-C.
Syrie, Tell Halaf (ancienne Guzana, citadelle, palais ouest, mur est de la tour nº IV, pierre 144)
Don, baron Max von Oppenheim, 1927

Orthostat relief with archer

Basalt
Inscription *"Palace of Kapara, son of Khadianu"*
10th–9th century B.C.
Syria, Tell Halaf (ancient Guzana, citadel, Western palace, east wall of bastion no. IV, stone 144)
Gift, Baron Max von Oppenheim, 1927

Fig. 8.4

Musée du Louvre, département des Antiquités orientales, inv. AO 19804

H. 70 cm ; L. 46 cm ; ép. 6 cm

Orthostate orné d'un lion

Calcaire avec restes de peinture rouge
xᵉ–ıxᵉ siècle av. J.-C.
Inscription « *Palais de Kapara, fils de Hadianu* »
Syrie, Tell Halaf (ancienne Guzana, citadelle, palais ouest, mur ouest de la tour nº II, pierre 74)
Achat, Anne-Marie Levesch, 1946

Orthostat relief with lion

Limestone with traces of red paint
10th–9th century B.C.
Inscription *"Palace of Kapara, son of Khadianu"*
Syria, Tell Halaf (ancient Guzana, citadel, Western palace, west wall of bastion no. II, stone 74)
Purchase, Anne Marie Levesch, 1946

Fig. 8.5

Musée du Louvre, département des Antiquités orientales, inv. AO 11073

H. 57 cm ; L. 40 cm ; ép. 18 cm

Orthostate orné d'un génie ailé

Basalte
xᵉ–ıxᵉ siècle av. J.-C.
Inscription « *Temple du dieu de l'Orage* »
Syrie, Tell Halaf (ancienne Guzana, citadelle, palais ouest, mur est de la tour nº III, pierre 99)
Don, baron Max von Oppenheim, 1927

Orthostat relief with winged genius

Basalt
10th–9th century B.C.
Inscription *"Temple of the Weather god"*
Syria, Tell Halaf (ancient Guzana, citadel, Western palace, east wall of bastion no. III, stone 99)
Gift, Baron Max von Oppenheim, 1927

caractères cunéiformes, tantôt « *Temple du dieu de l'Orage* », tantôt « *Palais de Kapara* » ou, comme c'est le cas pour celui du Metropolitan Museum of Art, « *Palais de Kapara, fils de Hadianu* ». De fait, ils ne faisaient l'objet d'aucun programme thématique ou narratif même s'ils peuvent être regroupés selon quatre catégories iconographiques représentées par les quatre reliefs de Tell Halaf exposés au Louvre. La première donne une vision idéalisée de la vie quotidienne faite de commerce et d'activités cultuelles (fig. 8.2). Une autre série évoque les différents combats que la dynastie a dû mener pour conquérir le pouvoir (fig. 8.3). Une troisième série est liée au monde naturel des animaux et des plantes (fig. 8.4), tandis que la quatrième évoque le monde surnaturel des dieux, des génies et des monstres

contradictory inscriptions written in cuneiform, sometimes *"Temple of the Weather god,"* sometimes *"Palace of Kapara,"* or *"Palace of Kapara, son of Khadianu"* as is the case for the orthostat on loan from The Metropolitan Museum of Art. In fact, they were not part of any thematic or narrative program, even if they can be grouped into four iconographic categories represented by the four Tell Halaf reliefs on display at the Louvre. The first gives an idealized vision of daily life, based on trade and religious activities (fig. 8.2). Another series evokes the various battles the dynasty had to fight to conquer power (fig. 8.3). A third series relates to the natural world of animals and plants (fig. 8.4), while the fourth evokes the supernatural world of gods, genies

comme le génie ailé (fig. 8.5). C'est à cette dernière catégorie que se rattache le relief du Met. Ces quatre thématiques sont entremêlées tout le long de la façade sans ordre apparent. La seule cohérence dans le décor consistait en l'alternance colorée d'un orthostate de basalte noir et d'un autre de calcaire blanc peint en rouge. Enfin, certaines de ces dalles ont été retrouvées avec leur décor en partie caché. Ces dalles de pierre ont donc été prélevées sur des bâtiments plus anciens pour décorer un tout nouveau palais. La date d'exécution des orthostates est difficile à estimer car le règne de Kapara, qui est vraisemblablement le commanditaire de certains des orthostates, remonte selon les auteurs au Xᵉ ou au IXᵉ siècle avant J.-C.

Si la plupart des orthostates du mur sud avaient sensiblement la même taille, l'orthostate du Met est plus long que les autres et porte deux images sur sa face principale au lieu d'une seule, comme c'est le cas habituellement, et une image sur le petit côté droit. Cette dernière représente un guerrier armé d'une massue et vêtu de ce qui ressemble à une peau de bête.

Sur la face principale, à gauche, un homme assis tient une fleur près de son visage. L'homme représenté est un roi défunt tenant un lotus fané, l'attribut des souverains décédés dans l'art syrien et phénicien. Sur la partie droite, deux hommes-taureaux tiennent un petit support sur lequel est installé un disque solaire ailé, motif d'origine égyptienne, associé au dieu soleil et au roi dans l'art hittite. Cette composition évoque l'ordre cosmique, incarné par les hommes-taureaux soutenant le soleil, souvenir de représentations plus complexes de l'époque hittite impériale.

Ces deux scènes auraient pu être représentées individuellement sur deux orthostates plus petits. Au lieu de cela, on voit ici clairement le roi regarder les hommes-taureaux et le disque solaire ailé. Ce lien entre les deux scènes rappelle que le roi défunt divinisé et sa lignée sont les garants de l'ordre cosmique. L'orthostate du Met nous montre que les scènes que l'on peut voir sur les orthostates du Louvre, présentées sans lien thématique apparent, appartenaient à l'origine à un programme iconographique aujourd'hui perdu, comme on le voit sur d'autres ensembles encore en place à Zincirli ou à Karatepe.

En outre, les différentes influences culturelles discernables dans ces décors montrent la très grande richesse de l'art des royaumes néo-hittites et araméens qui se sont multipliés après la chute de l'empire hittite.

Vincent Blanchard

and monsters such as the winged genie (fig. 8.5). The Met's relief belongs to the latter category. These four themes are interwoven throughout the facade in no apparent order. The only consistency in decoration was the alternating colors of a black basalt orthostat and a red-painted limestone one. Finally, some of these slabs were found with their decoration partly hidden. These stone slabs were therefore taken from older buildings to decorate a brand-new palace. The date of the execution of the orthostats is difficult to estimate, as the reign of Kapara, who is probably the patron of some of the orthostats, dates back to the tenth or ninth century B.C. depending on the scholars.

While most of the orthostats of the southern wall were roughly of the same size, The Met's orthostat is longer than the others, bearing two images on its main side instead of the usual one, and an image on the short right-hand side. The latter depicts a warrior armed with a club and dressed in what looks like an animal skin.

On the main side, on the left, a seated man holds a flower close to his face. The man depicted is a deceased king holding a wilted lotus, the attribute of deceased rulers in Syrian and Phoenician art. On the right, two bullmen hold a small support on which a winged solar disk is mounted, a motif of Egyptian origin, associated with the sun god and the king in Hittite art. This composition evokes the cosmic order embodied by the bullmen supporting the sun, a reminder of more complex representations from the Hittite Empire period.

These two scenes could have been depicted individually on two smaller orthostats. Instead, here we clearly see the king looking at the bullmen and the winged sun disk. This link between the two scenes reminds us that the deified deceased king and his lineage are the guarantors of cosmic order. The Met's orthostat shows us that the scenes on the Louvre orthostats, presented without any thematic link, originally belonged to an iconographic program that has now been lost, as can be seen on the other sets still in place in Zincirli or in Karatepe.

In addition, the different cultural influences discernible in these decorations demonstrate the great richness of the art of the Neo-Hittite and Aramaean kingdoms that flourished after the fall of the Hittite Empire.

Vincent Blanchard

Bibliographie
Bibliography

Blanchard, 2019
Vincent Blanchard (dir.), *Royaumes oubliés. De l'empire hittite aux Araméens* (catalogue d'exposition, Paris, musée du Louvre, 2 mai – 12 août 2019), Paris, LienArt et éditions du Louvre, 2019, cat. 240, p. 370 ; cat. 208, p. 362-363 ; cat. 218, p. 364-365 ; cat. 205, p. 362-363 ; cat. 220, p. 364-365.

Cholidis et Martin, 2010
Nadja Cholidis et Lutz Martin (dir.), *Tell Halaf.* V, *Im Krieg zerstörte Denkmäler und ihre Restaurierung*, Berlin et New York, De Gruyter, 2010, p. 165-167, 169 et 176.

Martin, 2019
Lutz Martin, « Sur les traces des Araméens. Nouvelles fouilles à Tell Halaf. 2006-2010 », dans V. Blanchard (dir.), *Royaumes oubliés. De l'empire hittite aux Araméens* (catalogue d'exposition, Paris, musée du Louvre, 2 mai – 12 août 2019), Paris, LienArt et éditions du Louvre, 2019, p. 326-331.

Moortgat, 1955
Anton Moortgat, *Tell Halaf.* III, *Die Bildwerke*, Berlin et New York, De Gruyter, 1955, nᵒ A 3, 20 + A 3, 171, p. 43 et 94, pl. 19a et 98 ; nᵒ A 3, 43, p. 51-52, pl. 32 ; nᵒ A 3, 2, pl. 10b ; nᵒ A 3, 64, p. 64, pl. 45a ; nᵒ A 3, 167, p. 92-93, pl. 95b.

9 Rhyton à protomé de caracal
Rhyton with forepart of a caracal

Ce vase en argent est constitué d'une corne élancée ouverte en partie haute et de l'avant-train d'un caracal, une espèce de panthère de petite taille, endémique des régions montagneuses du Moyen-Orient, reconnaissable à ses oreilles hautes et pointues. L'animal est rendu avec beaucoup de naturalisme, pattes antérieures projetées vers l'avant, tête dressée et légèrement tournée vers la droite, et gueule ouverte dans la posture pleine de vivacité d'un fauve prêt à bondir sur sa proie. Il porte un collier qui indique qu'il s'agit sans doute d'une bête dressée pour servir aux chasses de quelque prince, comme l'usage s'en est perpétué en Iran jusqu'à l'époque moderne. Des rameaux de vigne et de lierre enserrent son buste, et une couronne de lierre souligne l'embouchure de l'objet.

C'est un vase de grand luxe pour lequel l'artiste a fait preuve de beaucoup de virtuosité. Complexe, il est composé de plusieurs éléments assemblés : la corne réalisée par martelage d'une feuille d'argent, le protomé traité comme une petite sculpture et sans doute réalisé par fonderie, de même que les deux pattes, probablement fondues séparément et rapportées. Une partie du décor a été réalisée au repoussé, et certains détails sont rehaussés d'une dorure qui ajoute à la lisibilité et à la préciosité de l'objet.

Un étroit goulot est inséré entre les pattes de l'animal : il s'agit véritablement d'un rhyton, d'après l'appellation grecque, c'est-à-dire d'un vase qui servait à faire couler du vin dans un bol. Lors de banquets, il devait être tenu par un échanson qui en versait le contenu dans les bols à boire des convives. Ces rhytons en forme de corne à décor de protomé zoomorphe ont suivi en Iran une longue tradition au Ier millénaire avant J.-C. où ils constituaient un élément essentiel du décorum des élites impériales. Répandu déjà à l'époque de l'empire perse achéménide (vers 550-330 avant J.-C.), comme en témoigne un exemplaire du Louvre à protomé de cerf

This silver vessel features a slender horn-shaped body, open at the top, and the forequarters of a caracal, a species of small panthers endemic to the mountainous regions of the Middle East, recognizable by its high, pointed ears. The animal is rendered with great naturalism, its long legs leaping forward, its head erect and slightly turned to the right, and its mouth opened in the lively posture of a feline ready to pounce on its prey. It wears a collar which indicates that it is possibly a beast trained for some royal hunts, as was the custom in Iran until modern times. Vine and ivy branches encircle the bust, and a wreath of ivy highlights the mouth of the object.

This is a very luxurious vessel, for which the artist showed great virtuosity. Complex, it is composed of several assembled elements: the horn-shaped body, hammered from a sheet of silver; the protome, treated like a small sculpture and probably cast; and the two legs, probably cast separately and added. Part of the decoration is repoussé, and some details are enhanced by gilding, adding to the object's legibility and preciousness.

A narrow spout is inserted between the animal's legs: this is truly a rhyton, according to its Greek name, i.e. a vessel used to pour wine into a bowl. At banquets, it was held by a cupbearer who poured the contents into the guests' drinking bowls. These horn-shaped rhytons with zoomorphic protome decoration followed a long tradition in Iran in the first millennium B.C., where they were an essential part of the decorum of the imperial elite. Already widespread at the time of the Achaemenid Persian Empire (ca. 550-530 B.C.), as shown by an example in the Louvre with a deer protome in a more hieratic style (fig. 9.2), the use of the rhytons continued beyond the conquest of the Persian empire by Alexander the Great and the reign of the Macedonian Seleucid dynasty (306-141 B.C.). The kings of the Iranian Parthian Arsacid dynasty (141 B.C.-224 A.D.) who succeeded them

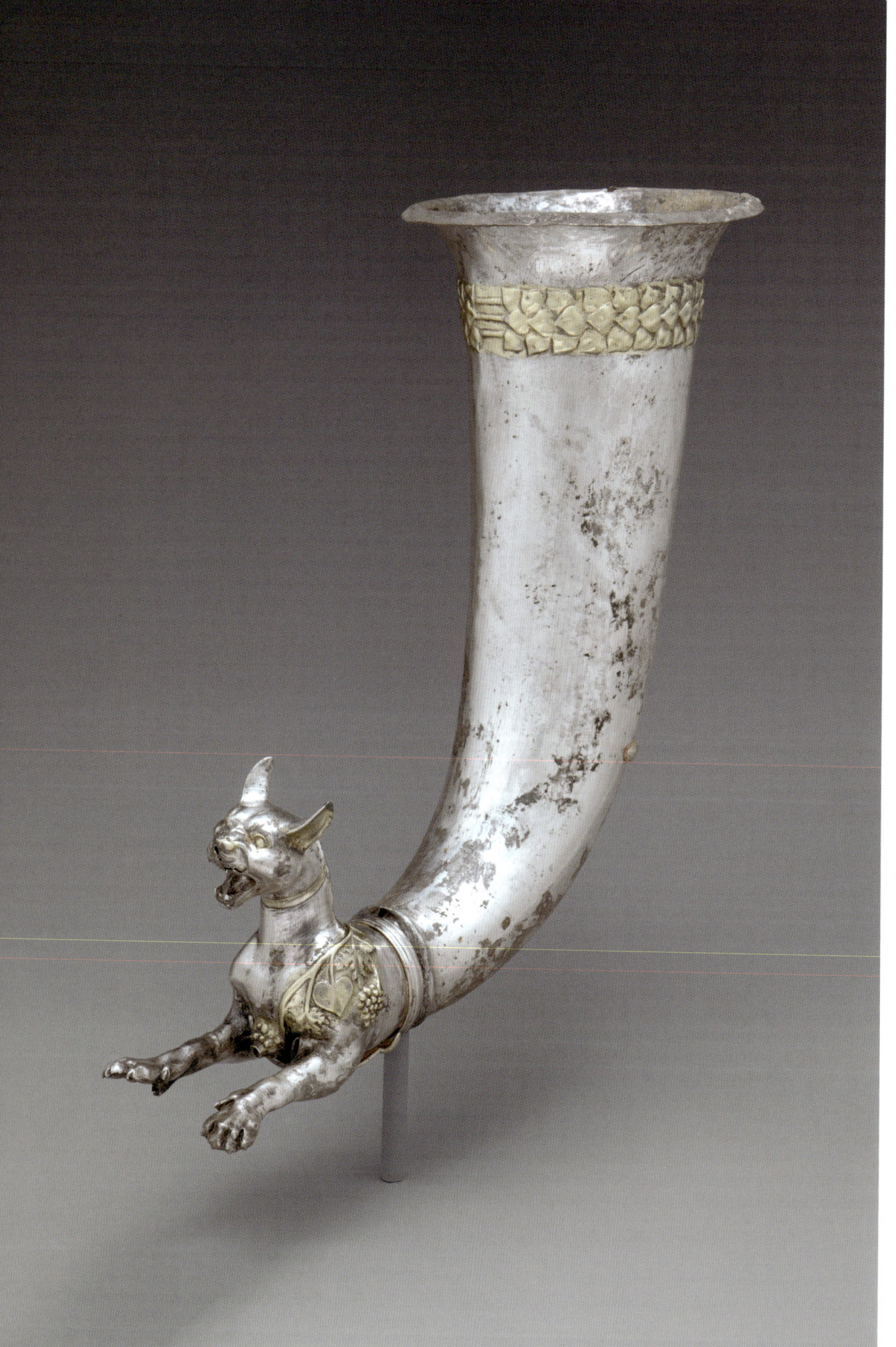

Fig. 9.1

The Metropolitan Museum of Art,
Department of Ancient Near Eastern Art ;
Purchase, Rogers Fund ; Enid A. Haupt,
Mrs. Donald M. Oenslager,
Mrs. Muriel Palitz and Geert C. E. Prins Gifts ;
Pauline V. Fullerton Bequest; and Bequests
of Mary Cushing Fosburgh, Edward C. Moore
and Stephen Whitney Phoenix, by exchange,
1979, inv. 1979.447a, b

H. 30,2 cm ; L. 28,4 cm ; ép. 13,1 cm

Rhyton à protomé de caracal

Argent partiellement doré
Époque parthe, vers 150-50 av. J.-C.
Iran ?
Achat, Manouchehr Malekzadehmokri,
Isak Antiques, New York, 1979

Rhyton with forepart of
a caracal

Partly gilded silver
Parthian, ca. 150-50 B.C.
Iran?
Purchase, Manouchehr Malekzadehmokri,
Isak Antiques, New York, 1979

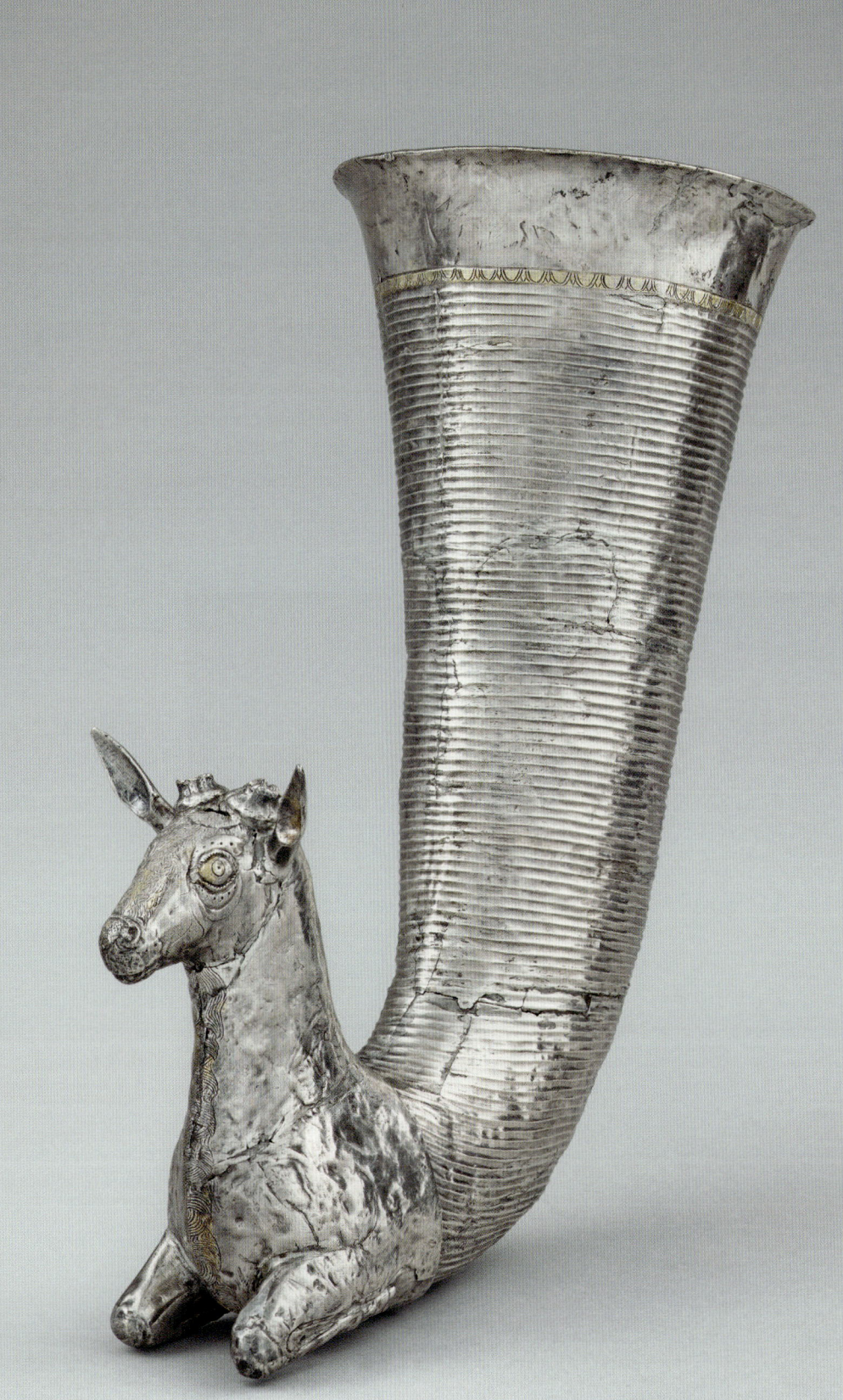

Fig. 9.2

Musée du Louvre, département des
Antiquités orientales, inv. AO 3093

H. 28,6 cm ; l. 13,5 cm

Rhyton à protomé de cerf

Argent partiellement doré
Époque perse achéménide,
vers 500-400 av. J.-C.
Anatolie orientale ?
Achat, Agop Kélékian, 1897

Rhyton with forepart of a deer

Partly gilded silver
Achaemenid, *ca.* 500-400 B.C.
Eastern Anatolia?
Purchase, Agop Kélékian, 1897

traité dans un style plus hiératique (fig. 9.2), l'usage de ces rhytons a perduré par-delà la conquête de l'empire perse par Alexandre le Grand et le règne de la dynastie macédonienne des Séleucides (306-141 avant J.-C.). Les rois de la dynastie iranienne des Parthes arsacides qui leur succèdent (141 avant – 224 après J.-C.) et la noblesse de l'empire continuent de commander de tels objets d'art somptuaire. On en connaît en ivoire, comme les quarante-huit rhytons découverts lors des fouilles de leur capitale de Nisa (Turkménistan), ou en argent, dont un certain nombre est exceptionnellement parvenu jusqu'à nous, malheureusement sans contexte archéologique, comme cet exemplaire du Metropolitan Museum of Art. Des rhytons en céramique, évidemment moins luxueux, étaient également fabriqués à destination des couches moins aisées de la société parthe (fig. 9.3).

and the empire's nobility continued to commission such sumptuous items. We know of ivory rhytons, such as the forty-eight discovered during the excavation of their capital at Nisa (Turkmenistan) or silver rhytons, a number of which have exceptionally come down to us, unfortunately without archeological context, such as this example from The Metropolitan Museum of Art. Ceramic rhytons, obviously less luxurious, were also made for the less elite classes of Parthian society (fig. 9.3).

Some of these silver rhytons bear inscriptions in Parthian, confirming their geographical context and helping to date them. They were all produced in a style clearly influenced by Hellenistic art, combining accentuated realism with baroque treatment in attitudes and decoration. This means that the end of

Bibliographie
Bibliography

Aruz, 2000
Joan Aruz, « Rhyton with Forepart of a Wild Cat », dans E. J. Milleker (dir.), *The Year One. Art of the ancient world East and West* (catalogue d'exposition, New York, The Metropolitan Museum of Art, 3 octobre 2000 – 14 janvier 2001), New York, The Metropolitan Museum of Art, 2000, p. 122-123, nº 94.

Carter, 2015
Martha L. Carter, *Arts of the hellenized East. Precious metalwork and gems of the pre-Islamic era* (The al-Sabah Collection Kuwait), Londres, Thames & Hudson, 2015, cat. 14, p. 94-97.

Colburn, 2018
Henry P. Colburn, « From the Mediterranean to China–After Alexander », dans S. Ebbinghaus (dir.), *Animal-shaped vessels in the ancient world. Drinking with gods, heroes, and kings*, Cambridge, MA, Harvard Art Museums, 2018, nº 45, p. 320-322, fig. 7.14.

Gunter et Jett, 1992
Ann C. Gunter et Paul Jett, *Ancient Iranian metalwork in the Arthur M. Sackler Gallery and the Freer Gallery of Art*, Washington, D.C., Arthur M. Sackler Gallery et Freer Gallery of Art, Smithsonian Institution, 1992.

Harper, 1987
Prudence O. Harper, « Parthian and Sasanian Silverware. Questions of Continuity and Innovation », *Mesopotamia* 22, 1987, p. 350-351, fig. 98.

Kawami, 1996
Trudy S. Kawami, « Rhyton with a Caracal Cat and a Fowl », dans *Ancient art from the Shumei Family collection* (catalogue d'exposition, New York, The Metropolitan Museum of Art, 20 juin – 1er septembre 1996, Los Angeles County Museum of Art, 17 novembre – 9 février 1997), New York, The Metropolitan Museum of Art, 1996, p. 64-65.

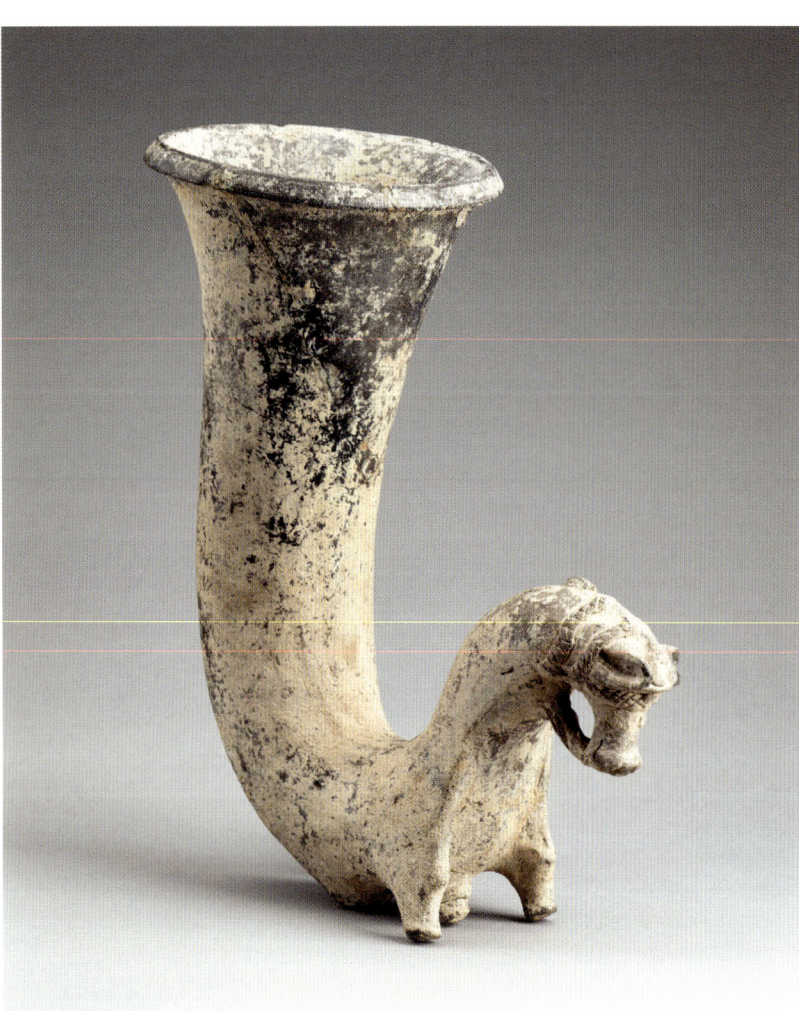

Fig. 9.3

Musée du Louvre, département des Antiquités orientales, inv. AO 26758

H. 27 cm ; L. 27,5 cm

Rhyton à protomé de cheval harnaché

Terre cuite
Époque parthe,
vers 200 av. – 100 apr. J.-C.
Azerbaidjan ?
Achat en vente publique, Drouot, 1980

Rhyton with forepart of a harnessed horse

Baked clay
Parthian, *ca.* 200 B.C.–100 A.D.
Azerbaijan?
Purchased at auction, Drouot, 1980

Manassero, 2008
Nicolò Manassero, *Rhyta e corni potori dall'Età del Ferro all'epoca sasanide. Libagioni pure e misticismo tra la Grecia e il mondo iranico* (BAR International Series, 1750), Oxford, John and Erica Hedges Ltd., 2008, p. 198, 214, n° 7.48.

Meyers, 1997
Pieter Meyers, « Rhyton with the Protome of a Desert Lynx (Caracal Cat) Catching a Fowl », dans *Miho Museum, South Wing*, Shigaraki, Miho Museum, 1997, p. 101-103.

Pfrommer, 1993
Michael Pfrommer, *Metalwork from the hellenized East. Catalogue of the collections*, Malibu, J. Paul Getty Museum, 1993.

Certains de ces rhytons d'argent portent des inscriptions en langue parthe qui confirment leur contexte géographique et aident à leur datation. Ils sont tous réalisés dans un style manifestement influencé par l'art hellénistique, en mêlant un réalisme accentué et un traitement baroque dans les attitudes et le décor. Cela signifie que la fin du règne des Séleucides n'a pas mis un terme à l'activité des ateliers orientaux qui travaillaient pour eux, et que ceux-ci ont au contraire continué à produire grâce aux commandes de la nouvelle élite iranienne, en perpétuant les formes apprises et en les adaptant à la nouvelle demande.

Les rhytons parthes peuvent être ornés d'un protomé de lion, de cerf, de zébu, ou de griffon, mais ceux agrémentés d'un caracal constituent un groupe plus important[1]. Il est possible que cet animal ait été préféré pour sa relation avec le dieu Dionysos. C'est bien sûr le dieu du vin, auquel se réfèrent également la vigne et le lierre qui ornent ce rhyton, bien en accord avec l'usage du vase, mais c'est également un dieu dont les Grecs affirmaient qu'il avait conquis le Proche-Orient et s'était rendu en Inde. À ce titre, il avait été présenté par les conquérants macédoniens comme un précurseur d'Alexandre le Grand. On constate en effet que son culte s'est largement répandu dans l'Orient hellénisé où il a connu un grand succès auprès des colons grecs comme, probablement, auprès des populations iraniennes locales. L'imagerie qui lui est associée (notamment les représentations de panthères) a longtemps perduré bien après la chute des souverains séleucides, et les Parthes l'ont aussi adoptée pour leur vaisselle de banquet.

Julien Cuny

the Seleucid reign did not halt to the activity of the Near Eastern workshops that worked for them, and that on the contrary they continued the production thanks to orders from the new Iranian elite, perpetuating the forms they had learned and adapting them to the new demand.

Parthian rhytons may be adorned with a lion, stag, zebu, or griffin protome, but those embellished with a caracal constitute a larger group.[1] It is possible that this animal was preferred for its relationship with the god Dionysus. He is of course the god of wine, to whom the vines and ivy adorning this rhyton also refer, in keeping with the vessel's use, but he is also a god whom the Greeks claimed had conquered the Near East and visited India. As such, he was presented by the Macedonian conquerors as a forerunner of Alexander the Great. Indeed, his cult spread widely in the Hellenized East, where he was a great success with Greek settlers and probably with the local Iranian population. The imagery associated with him (particularly the panther representations) lasted long after the fall of the Seleucid rulers and was also adopted by the Parthians for their banquet tableware.

Julien Cuny

---

1. Outre l'exemplaire du Metropolitan Museum of Art, des rhytons parthes à protomé de caracal sont conservés au J. Paul Getty Museum à Los Angeles (PFROMMER, 1993, cat. 71, p. 186-187 et cat. 73, p. 190-191), au Smithsonian National Museum of Asian Art à Washington (GUNTER et JETT, 1992, cat. 11, p. 98-99), au Miho Museum au Japon (KAWAMI, 1996 ; MEYERS, 1997) et dans la collection al-Sabah au Koweit (CARTER, 2015, p. 96, fig. 2.4).

1. Apart from the one at The Metropolitan Museum of Art, Parthian rhytons with forepart of a caracal are kept at the Los Angeles Getty Museum (PFROMMER, 1993, cat. 71, p. 186-187 and cat. 73, p. 190-191), at the Smithsonian National Museum of Asian Art in Washington, D.C. (GUNTER and JETT, 1992, cat. 11, p. 98-99), at the Miho Museum in Japan (KAWAMI, 1996 ; MEYERS, 1997) and in the al-Sabah Collection in Kuwait (CARTER, 2015, p. 96, fig. 2.4).

10 Plat avec représentation du roi Yazdgird Iᵉʳ tuant un cerf

Plate depicting the king Yazdgard I, slaying a stag

Après les Perses achéménides, les Séleucides et les Parthes, les Perses sassanides, qui ont régné sur l'Iran et les régions limitrophes de 224 à 651 après J.-C., poursuivirent la longue tradition de la vaisselle précieuse en argent. Les ateliers royaux détenaient le quasi-monopole de la confection de plats de luxe où un très petit nombre de thèmes étaient déployés pour glorifier les qualités du « roi des rois » perse. Ces plats très évasés, où le décor occupe la face interne, étaient ensuite diffusés auprès de princes ou de rois étrangers.

Le thème le plus courant est certainement celui du roi à la chasse. Selon ce vieux thème connu dans le Proche-Orient ancien, le roi montrait symboliquement qu'il contribuait au maintien du bon ordre du monde en terrassant des bêtes sauvages, tout en mettant en avant sa valeur guerrière. Le motif est traité sur ce plat avec originalité car le roi est à pied, et non à cheval comme c'est souvent le cas. Il transperce de sa lance un cerf agonisant qui tente de fuir, et dont le corps est orné de trèfles et de quadrilobes.

On reconnaît ici le roi sassanide à ses nombreux attributs. Chevelure abondante et barbe fournie, il porte le costume traditionnel iranien de cette époque, une tunique tombant jusqu'aux genoux et des pantalons bouffants dont les petits plis latéraux semblent bouillonner au vent. Le costume royal est rehaussé de perles et de broderies, représentées par de nombreux petits cercles poinçonnés, par exemple en ligne sur le devant des jambes du pantalon. Sa tête est toujours surmontée du *korymbos*, un chignon de cheveux enveloppé d'un voile. Elle est nimbée du halo de la gloire royale, le *khwarnah*, une aura religieuse qui confère au roi iranien sa dignité et dont l'auréole est une figuration empruntée aux rois kouchans qui régnèrent quelques siècles auparavant

After the Achaemenid Persians, the Seleucids and the Parthians, the Sasanians, who ruled Iran and the neighboring regions from 224 to 651 A.D., continued the long tradition of precious silver tableware. Royal workshops held a virtual monopoly on the production of luxury dishes, in which a small number of themes were used to glorify the virtues of the Persian "king of kings." These widely flared dishes, with the decoration on the inside, were then distributed to foreign princes and kings.

The most common theme is that of the king hunting. According to this old Near Eastern theme, the king symbolically showed that he was helping to keep good order in the world by defeating wild beasts, while at the same time emphasizing his warrior valor. The motif is treated with originality on this plate, as the king is on foot rather than on horseback as is often the case. His spear pierces a dying stag as it tries to flee, its body adorned with trefoils and quatrefoils.

Here we can recognize the Sasanian king by his many attributes. With abundant hair and a full beard, he wears the traditional Iranian costume of the period, a knee-length tunic and baggy pants whose small side pleats seem to balloon in the wind. The royal costume is embellished with beads and embroidery, represented by numerous small, punched circles, including a line down the front of the trouser legs. His head is always crowned with the *korymbos*, a bun of hair wrapped in a veil. It is cloaked in the halo of royal glory, the *khvarenah*, a religious aura that confers dignity on the Iranian king, whose halo is a figuration borrowed from the Kushan kings who ruled a few centuries earlier from what is now Afghanistan. The king wears numerous jewels: large beads dangle from his ears, he wears a wide necklace. From the fourth century onwards, the Sasanian king's

Fig. 10.1
The Metropolitan Museum of Art, Department of Ancient Near Eastern Art ; Harris Brisbane Dick Fund, 1970, inv. 1970.6

H. 3,3 cm ; diam. 23,4 cm

Plat avec représentation du roi Yazdgird Iᵉʳ tuant un cerf

Argent partiellement doré
Iran ?
Époque sassanide, vers 399–420 apr. J.-C.
Marché de l'art à partir de 1963 ; achat, K. Rabenou, Inc., New York, 1970

Plate depicting the king Yazdgard I, slaying a stag

Partly gilded silver
Iran?
Sasanian, *ca.* 399–420 A.D.
Since 1963, art market; purchase, K. Rabenou, Inc., New York, 1970

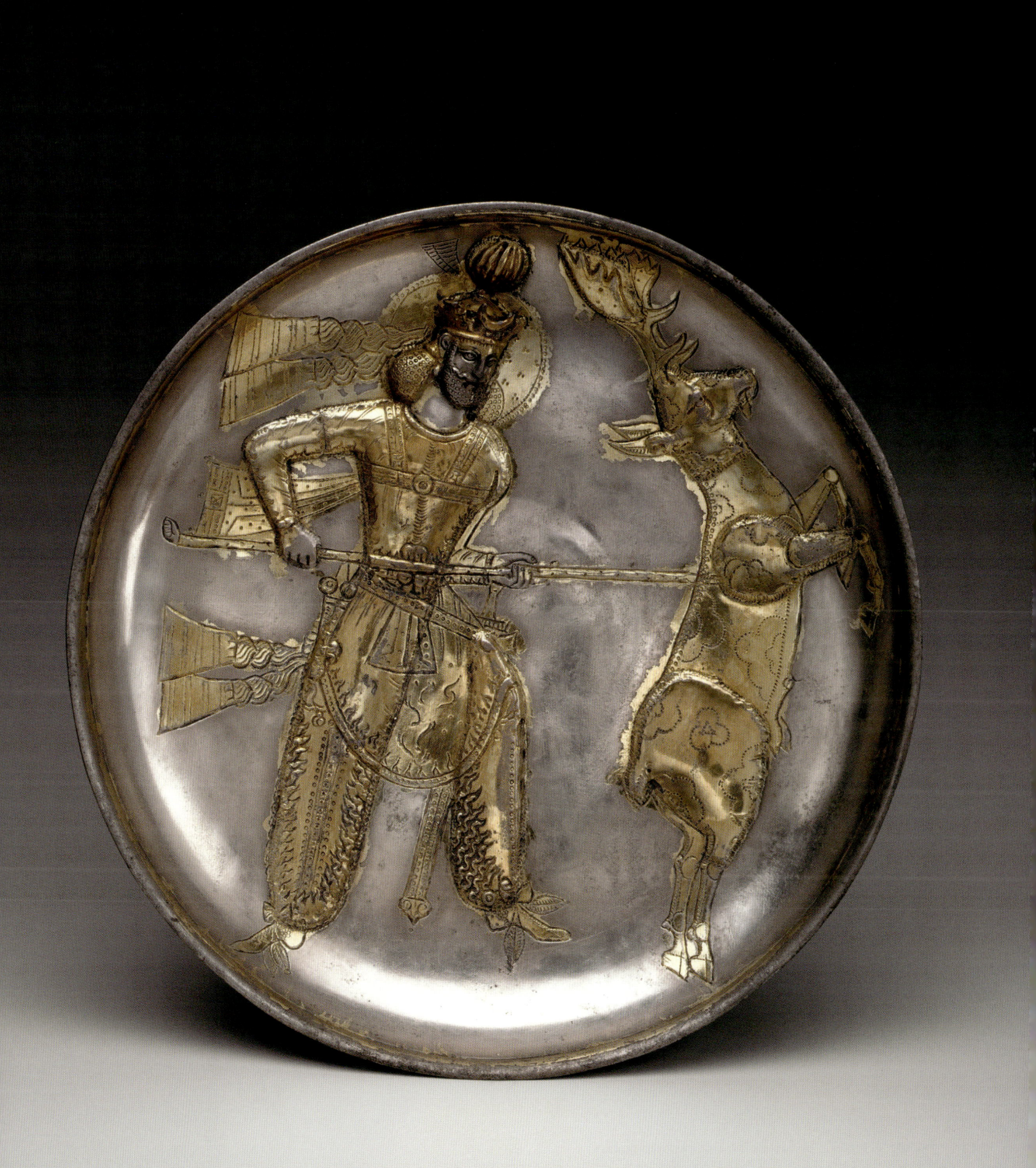

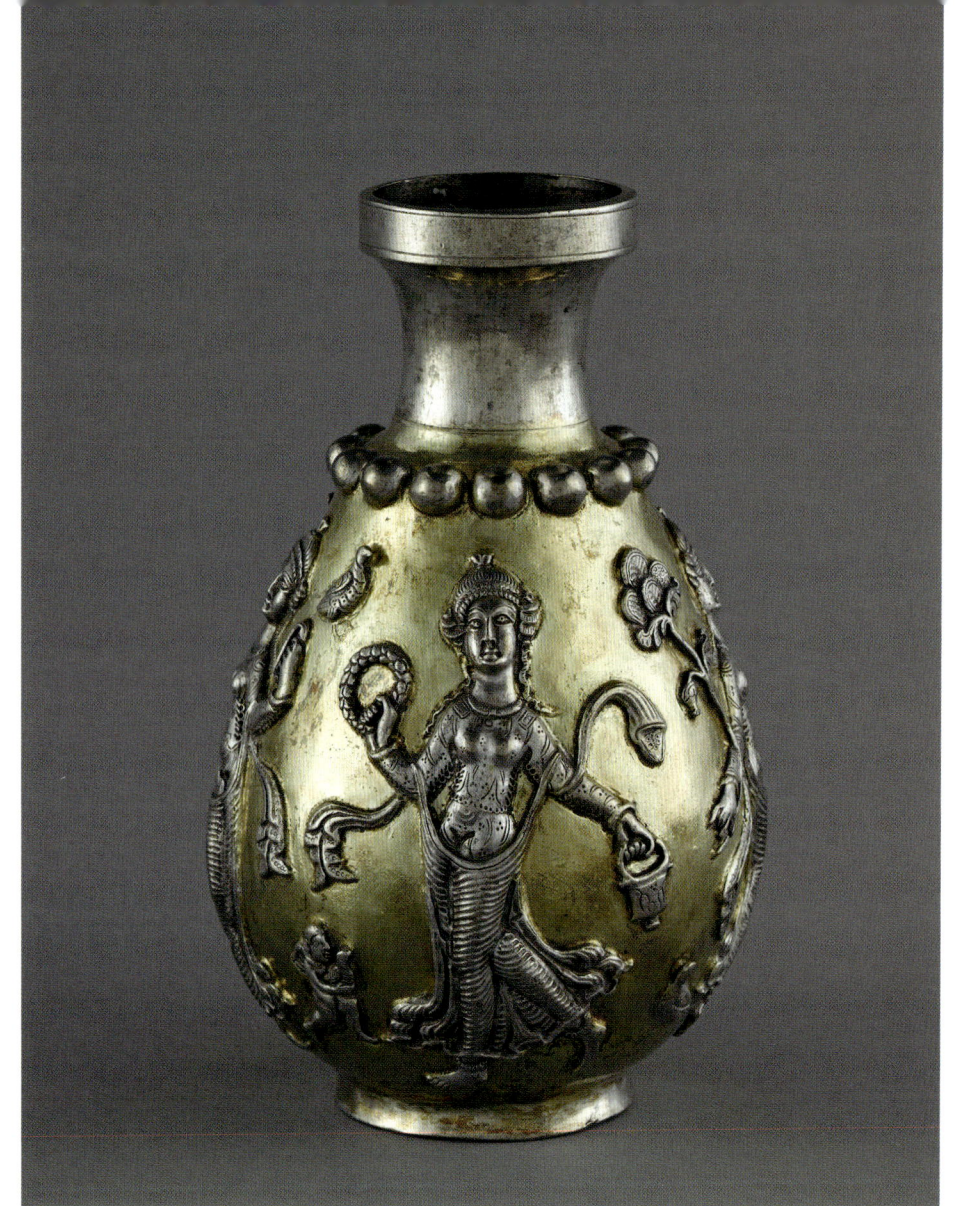

Fig. 10.2

Musée du Louvre, département des
Antiquités orientales, inv. MAO 426

H. 18 cm ; l. 10,6 cm

Bouteille à décor de danseuses

Argent partiellement doré
Époque sassanide, vers 400–600 apr. J.-C.
Iran ?
Achat, Iradj Modjallal, 1965

Bottle with dancing women

Partly gilded silver
Sasanian, *ca.* 400–600 A.D.
Iran?
Purchase, Iradj Modjallal, 1965

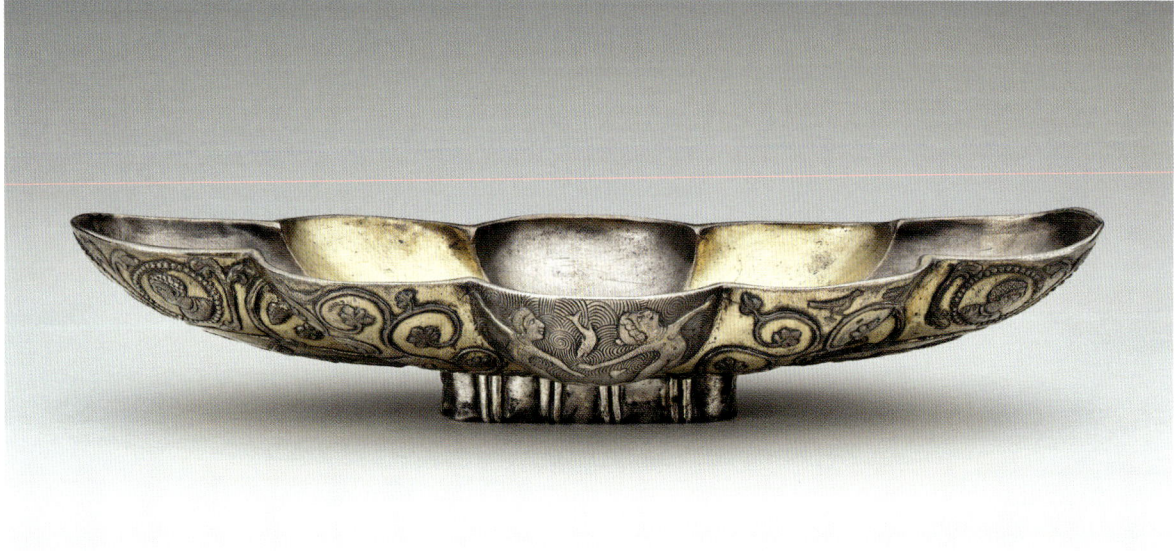

Fig. 10.3

Musée du Louvre, département des
Antiquités orientales, inv. AO 32234

L. 28,8 cm ; l. 14,2 cm ; H. 4,6 cm

**Coupe à décor de danseuse,
de portraits, de nageurs et
de pampres**

Argent partiellement doré
Époque sassanide, vers 550–650 apr. J.-C.
Iran de l'Est ?
Collection Essayan-Gulbenkian ;
achat, Claude Boisgirard, 2004

**Bowl with dancing woman,
portraits, swimmers and vines**

Partly gilded silver
H. 18 cm ; l. 10,6 cm
Sasanian, *ca.* 550–650 A.D.
Eastern Iran?
Essayan-Gulbenkian collection;
purchase, Claude Boisgirard, 2004

Bibliographie
Bibliography

Brunner, 1974
Christopher J. Brunner, « Middle Persian Inscriptions on Sasanian Silverware », *Metropolitan Museum Journal 9*, 1974, p. 116, fig. 4.

Demange, 2006
Françoise Demange (dir.), *Les Perses sassanides. Fastes d'un empire oublié (224-642)* (catalogue d'exposition, Musée Cernuschi, musée des arts de l'Asie de la ville de Paris, 15 septembre – 30 décembre 2006), Paris et Suilly-la-Tour, Paris musées et Findakly, 2006.

Hoving et Raggio, 1975
Thomas Hoving et Olga Raggio, *The Metropolitan Museum of Art. Notable acquisitions, 1965-1975*, New York, The Metropolitan Museum of Art, 1975, p. 38.

Harper, 2006
Prudence O. Harper, « Plat. Yazdgird Iᵉʳ (399-421) tuant un cerf », dans F. Demange (dir.), *Les Perses sassanides. Fastes d'un empire oublié (224-642)*, Paris et Suilly-la-Tour, Paris musées et Findakly, 2006, p. 86-89, n° 28.

Harper, 2007
Prudence O. Harper, « Plate: The King Yazdegerd I, Slaying a Stag », dans F. Demange (dir.), *Glass, gilding & Grand Design. Art of Sasanian Iran (224-642)*, New York, Asia Society, p. 37, n° 3.

Harper et Meyers, 1981
Prudence O. Harper et Pieter Meyers, *Silver vessels of the Sasanian period*. Vol. 1, *Royal imagery*, New York, The Metropolitan Museum of Art, p. 217, pl. 16.

Seipel, 1996
Wilfried Seipel, *Weihrauch und Seide. Alte Kulturen an der Seidenstraße*, Vienne, Kunsthistorisches Museum, 1996, p. 236-237, n° 83.

depuis l'actuel Afghanistan. Le roi arbore de nombreux bijoux : de grosses perles pendent à ses oreilles, il porte un large collier et, à partir du IVᵉ siècle, le buste du roi sassanide est ceint de l'*apesac*, un harnais orné d'un médaillon central. Enfin des paires de rubans attachés à son diadème, à son buste et à sa ceinture flottent derrière lui. Les rois sassanides étaient individualisés par leur couronne composite, propre à chacun d'eux. Ici la couronne crénelée à croissant de lune permet d'identifier le roi Yazdgird Iᵉʳ qui a régné de 399 à 420 après J.-C.

L'œuvre est empreinte de force et de solennité. Le visage du roi est grave et concentré, l'animal ne montre guère ni peur ni souffrance, malgré sa langue pendante. La composition, qui occupe élégamment l'espace disponible, est pleine d'un dynamisme subtil, entraîné par le mouvement circulaire du cerf bondissant. En l'absence de ligne de sol, le roi semble flotter dans l'espace, mais ses jambes écartées et son genou relevé, ainsi que l'audacieuse posture des bras, soulignent l'effort déployé.

L'exécution est également remarquable et témoigne de la qualité du savoir-faire des toreutes iraniens. La scène joue des rehauts colorés de la dorure au mercure mais surtout des différents plans du relief obtenus par l'incrustation d'une dizaine d'éléments fondus ou martelés préalablement puis incrustés dans des alvéoles aménagées à cet effet. Ainsi le corps du cerf incisé dans le fond du plat est modelé grâce à ces ajouts au niveau de l'arrière-train, de l'épaule, de la tête et des bois.

La production d'argenterie sassanide comprend également d'autres formes de vases agrémentés de thèmes évoquant la fête ou le banquet, comme les danseuses sur une bouteille en argent (fig. 10.2) ou les pampres sur une coupe polylobée (fig. 10.3), conservées au Louvre, qui servaient probablement lors de banquets. La signification précise, profane ou religieuse, de ces scènes reste obscure. On y décèle la même créativité dans les compositions et la même virtuosité dans la réalisation que dans le plat royal, avec cette fois-ci un emploi inversé de la dorure qui, appliquée sur les fonds, fait jaillir les reliefs argentés.

Julien Cuny

bust is girded with the *apesac*, a harness adorned with a central medallion. Finally, pairs of ribbons attached to his diadem, chest and belt float behind him. Sasanian kings were identified by their distinctive crowns. Here, the crenellated crown with crescent moon identifies King Yazdgard I, who reigned from 399 to 420 A.D.

The artwork is imbued with strength and solemnity. The king's face is grave and concentrated, and the animal scarcely shows fear or suffering, despite its protruding tongue. The composition, which elegantly occupies the available space, is full of subtle dynamism, driven by the circular movement of the leaping stag. In the absence of a ground line, the king seems to float in space, but his spread legs and raised knee, as well as the bold posture of his arms, emphasize the efforts made.

The execution is equally remarkable, testifying to the quality of the craftsmanship of Iranian engravers. The scene plays with the colored highlights of mercury gilding, but above all with the different planes of relief obtained by inlaying a dozen or so elements melted or hammered beforehand and then inlaid in specially designed sockets. In this way, the body of the stag incised into the bottom of the dish is shaped by these additions to the hindquarters, shoulder, head, and antlers.

Sasanian silverware production also includes other forms of vessel embellished with festive or banqueting themes, such as the dancing girls on a silver bottle (fig. 10.2) or the vine branches on a polylobed bowl (fig. 10.3), in the Louvre's collection, which were probably used for banquets. The precise meaning, secular or religious, of these scenes, remains obscure. The same creativity in composition and virtuosity in execution can be seen here as in the royal plate on loan from The Met, this time with a reversed use of gilding which, when applied to the background, brings out the silver relief.

Julien Cuny

Bibliographie

Bibliography

Musée du Louvre, département des Antiquités orientales

1881-2021. Le département des Antiquités orientales a 140 ans, colloque du département des Antiquités orientales du musée du Louvre (Paris, musée du Louvre et Collège de France, 29 et 30 septembre 2021) [captations vidéos disponibles en ligne] <https://www.louvre.fr/louvreplus/1881-2021-le-departement-des-antiquites-orientales-a-140-ans-0>

Béatrice André-Salvini (dir.), *Babylone* (catalogue d'exposition, Paris, musée du Louvre, 14 mars – 2 juin 2008), Paris, Hazan et Louvre éditions, 2008.

Vincent Blanchard (dir.), *Royaumes oubliés. De l'empire hittite aux Araméens* (catalogue d'exposition, Paris, musée du Louvre, 2 mai – 12 août 2019), Paris, Louvre éditions et LienArt, 2019.

Nicole Chevalier (dir.), *Une mission en Perse 1897-1912* (catalogue d'exposition, Paris, musée du Louvre, 3 octobre 1997 – 5 janvier 1998), Paris, Réunion des Musées nationaux, 1997.

Sophie Cluzan et Pascal Butterlin (dir.), *Voués à Ishtar. Syrie, janvier 1934, André Parrot découvre Mari* (catalogue d'exposition, Paris, Institut du Monde arabe, 23 janvier – 4 mai 2014) Beyrouth, Institut français du Proche-Orient, 2014.

Marianne Cotty et Julien Cuny, *De Dilmun à Tylos. Voyage archéologique au royaume de Bahreïn* (catalogue d'exposition, Paris, musée du Louvre, à partir du 6 octobre 2022, pour une durée de cinq ans), Bahreïn, Bahrain Authority for Culture and Antiquities, 2022.

Élisabeth Fontan (dir.), avec la collaboration de Nicole Chevalier, *De Khorsabad à Paris. La découverte des Assyriens* (catalogue d'exposition, Paris, musée du Louvre, 1993), Paris, Réunion des Musées nationaux, 1994.

Ali Ibrahim al-Ghabban, Béatrice André-Salvini et Françoise Demange (dir.), *Routes d'Arabie. Archéologie et histoire du royaume d'Arabie Saoudite* (catalogue d'exposition, Paris, musée du Louvre, 14 juillet – 27 septembre 2010), Paris, Somogy et Musée du Louvre, 2010.

Zaid Ghazi Saadallah al-Obeidi et Ariane Thomas (dir.), *Le musée culturel de Mossoul. De la destruction à la rehabilitation/ The Mosul Cultural Museum. From Destruction to Rehabilitation*, Madrid et Paris, Éditions El Viso, 2023.

Arnaud Quertinmont et Sophie Cluzan (dir.), *Mari en Syrie. Renaissance d'une cité au 3ᵉ millénaire* (catalogue d'exposition, Mariemont, Musée Royal de Mariemont, 16 septembre 2023 – 7 janvier 2024 ; Strasbourg, Bibliothèque universitaire de Strasbourg, 7 février – 26 mai 2024), Mariemont, Musée Royal de Mariemont, 2023.

Thomas C. Römer, Hervé Gonzalez, Marielle Pic, *et al.*, *Mésha et la Bible. Quand une pierre raconte l'histoire* (catalogue d'exposition, Paris, Collège de France, 15 septembre – 19 octobre 2018), Paris, Collège de France, 2018.

Thomas C. Römer, Valérie Matoïan, Bernard Geyer, *et al.*, *Ougarit, entre Orient et Occident* (catalogue d'exposition, Paris, Collège de France, 15-23 septembre 2016), Paris, Collège de France, 2016.

Ariane Thomas, *La Mésopotamie au Louvre. De Sumer à Babylone*, Paris, Somogy et Louvre éditions, 2016.

Ariane Thomas, « Exhibiting Ancient Near Eastern Antiquities in the Louvre », dans G. Emberling et L. Petit (dir.), *Museums and the Middle East. Curatorial practices and audiences*, Milton Park, Abingdon, Oxon Routledge, 2019, p. 41-61.

Ariane Thomas (dir.), *L'Histoire commence en Mésopotamie* (catalogue d'exposition, Lens, musée du Louvre-Lens, 2 novembre 2016 – 23 janvier 2017), Gand et Lens, Snoeck et musée du Louvre-Lens, 2016.

Ariane Thomas et Hélène Le Meaux (dir.), *Le département des Antiquités orientales du Louvre. De 1881 à nos jours*, Paris, musée du Louvre, à paraître.

Ariane Thomas et Timothy Potts (dir.), *Mesopotamia. Civilization begins* (catalogue d'exposition, Malibu, J. Paul Getty Museum, 18 mars – 27 juillet 2020), Los Angeles, The J. Paul Getty Museum, 2020.

The Metropolitan Museum of Art, Department of Ancient Near Eastern Art

Joan Aruz, avec Ronald Wallenfels (dir.), *Art of the first cities. The third millennium B.C. from the Mediterranean to the Indus* (catalogue d'exposition, New York, The Metropolitan Museum of Art, 8 mai – 17 août 2003), New York, New Haven et Londres, The Metropolitan Museum of Art et Yale University Press, 2003.

Joan Aruz, Kim Benzel et Jean M. Evans (dir.), *Beyond Babylon. Art, trade, and diplomacy in the second millennium B.C.* (catalogue d'exposition, New York, The Metropolitan Museum of Art, 18 novembre 2008 – 15 mars 2009), New York, New Haven et Londres, The Metropolitan Museum of Art et Yale University Press, 2009.

Joan Aruz, Sarah B. Graff et Yelena Rakic (dir.), *Assyria to Iberia. At the dawn of the Classical Age* (exposition, New York, The Metropolitan Museum of Art, 2014).

Joan Aruz et Yelena Rakic, « Exhibiting Interaction: Displaying the Arts of the Ancient Near East in their Broader Context », dans G. Emberling et L. Petit (dir.), *Museums and the Middle East. Curatorial practices and audiences*, Milton Park, Abingdon, Oxon Routledge, 2019, p. 113-122.

Andrea Bayer (dir.), *Making The Met, 1870-2020* (catalogue d'exposition, New York, The Metropolitan Museum of Art, 30 mars – 2 août 2020), New York, The Metropolitan Museum of Art, 2020.

Kim Benzel, Rayyane Tabet et Clare Davies (dir.), « Rayyane Tabet/Alien Property », *The Metropolitan Museum of Art Bulletin* 77, n° 2 (Fall 2019).

Blair Fowlkes-Childs et Michael Seymour (dir.), *The world between empires. Art and identity in the ancient Middle East* (catalogue d'exposition, New York, The Metropolitan Museum of Art, 18 mars – 23 juin 2019), New York, The Metropolitan Museum of Art, 2019.

Prudence O. Harper *et al.* (dir.), « Ancient Near Eastern Art », *The Metropolitan Museum of Art Bulletin* 41, n° 4 (Spring 1984).

Yelena Rakic (dir.), « Discovering the Art of the Ancient Near East », *The Metropolitan Museum of Art Bulletin* 68, n° 1, Summer 2010.

Yelena Rakic, « Collecting the Ancient Near East at The Met », *The Metropolitan Museum of Art Journal* 56, 2021, p. 68-80.

Carte des sites mentionnés dans cet ouvrage
Map of the sites mentioned in this book

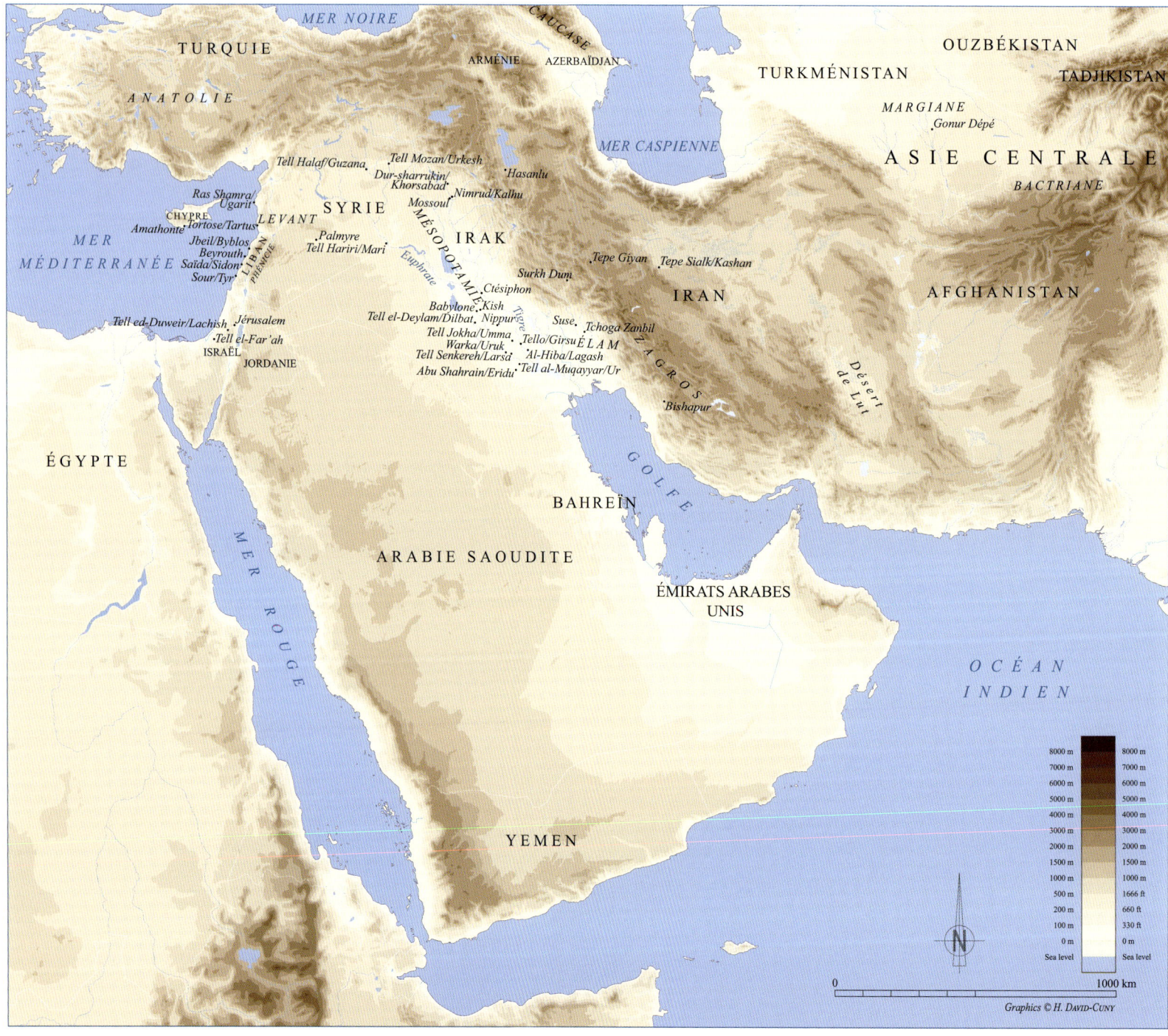

MER NOIRE

TURQUIE

ANATOLIE

CAUCASE

ARMÉNIE   AZERBAÏDJAN

OUZBÉKISTAN

TURKMÉNISTAN

TADJIKISTAN

MARGIANE
·Gonur Dépé

MER CASPIENNE

ASIE CENTRALE

BACTRIANE

Tell Halaf/Guzana
·Tell Mozan/Urkesh
Dur-sharrukin/   ·Hasanlu
Khorsabad   ·Nimrud/Kalhu
Ras Shamra/   Mossoul·
Ugarit   SYRIE
CHYPRE
Amathonte   Tortose/Tartus
Jbeil/Byblos   ·Palmyre
Beyrouth·   Tell Hariri/Mari
Saïda/Sidon   LEVANT
Sour/Tyr·   LIBAN   MÉSOPOTAMIE
PHÉNICIE   Euphrate   IRAK

MER
MÉDITERRANÉE

Tepe Giyan·
·Tepe Sialk/Kashan

IRAN

AFGHANISTAN

Surkh Dum·
·Ctésiphon
Babylone· ·Kish
Tell el-Deylam/Dilbat· ·Nippur   Suse·
Tell Jokha/Umma·   ·Tello/Girsu ÉLAM   Tchoga Zanbil
Warka/Uruk·   ·Al-Hiba/Lagash
Tell Senkereh/Larsa·
Abu Shahrain/Eridu·   ·Tell al-Muqayyar/Ur

Tell ed-Duweir/Lachish·   ·Jérusalem
·Tell el-Far'ah
ISRAËL   JORDANIE

ZAGROS

Désert
de Lut

Bishapur·

ÉGYPTE

BAHREÏN

GOLFE

MER
ROUGE

ARABIE SAOUDITE

ÉMIRATS ARABES
UNIS

OCÉAN
INDIEN

YEMEN

8000 m   8000 m
7000 m   7000 m
6000 m   6000 m
5000 m   5000 m
4000 m   4000 m
3000 m   3000 m
2000 m   2000 m
1500 m   1500 m
1000 m   1000 m
500 m   1666 ft
200 m   660 ft
100 m   330 ft
0 m   0 m
Sea level   Sea level

N

0   1000 km

Graphics © H. DAVID-CUNY

Chronologie – Les grandes périodes évoquées dans cet ouvrage
Chronology – The main periods covered in this book

Chalcolithique récent

Vers 3800-2800	Époque dite « proto-urbaine » ou « d'Uruk » en Mésopotamie
Vers 3800-3100	Époque « de Suse II » en Iran (cat. 1, fig. 1.2)
Vers 3100-2900	Époque dite « proto-élamite » ou « de Suse III » en Iran (cat. 1, fig. 1.1, 1.3 et 1.4)

Âge du Bronze ancien

Vers 2900-2340	Époque dite « des Dynasties archaïques » en Mésopotamie (cat. 2, fig. 2.1 à 2.4)
Vers 2340-2200	Époque d'Akkad en Mésopotamie (cat. 7 ?)
Vers 2200-2150 ?	Époque de transition Guti (cat. 3, fig. 3.1 ? et 3.2 ?)
Vers 2150-2004	Époque dite « néo-sumérienne » (introduction, fig. 10 ; cat. 3, fig. 3.1 ? et 3.2 ?)

Âge du Bronze moyen

Vers 2000-1595	Époque amorrite (vers 1750-1595 période paléo-babylonienne) en Syro-Mésopotamie (cat. 4, fig. 4.1 à 4.3)
Vers 2004-1500	Époque dite « de Suse V » ou paléo-élamite en Iran (cat. 5, fig. 5.2)
Vers 2200-1700	Épanouissement des cultures dites « de Bactriane et Margiane » ou « de l'Oxus » en Asie centrale (cat. 5, fig. 5.1, 5.3 et 5.4 ; cat. 6, fig. 6.1, 6.3 et 6.4)

Âge du Bronze récent

Vers 1595-1155	Époque kassite en Mésopotamie du Sud (cat. 4, fig. 4.1) ; médio-assyrienne en Mésopotamie du Nord
Vers 1500-1155	Époque médio-élamite en Iran (introduction, fig. 8)
Vers 1650-1180	Empire hittite

Âge du Fer

Vers 1180-700	Époque néo-hittite en Turquie et Syrie (cat. 8)
Vers 1100-331	Époque phénicienne au Levant
Vers 934-610	Époque néo-assyrienne et empire assyrien (introduction, fig. 5 et 9)
Vers 610-539	Époque de l'empire néo-babylonien
Vers 539-331	Époque de l'empire perse (introduction, fig. 4 ; cat. 9, fig. 9.2)
Vers 331-141	Époque séleucide
Vers 141 av. J.-C. – 224 apr. J.-C.	Époque parthe (cat. 9, fig. 9.1 et 9.3)

224-636 apr. J.-C.	Époque sassanide (cat. 10)

Crédits photographiques
Photographic credits

Beyrouth et Paris

© Ministère de la Culture / Direction Générale des Antiquités – Musée du Louvre / Département des Antiquités orientales / Julien Chanteau : p. 7

New York

© The Metropolitan Museum of Art : couverture droite, p. 14-18, 22, 27-28, 33, 34 gauche, 37-38, 43, 46, 51 droite, 53, 54 gauche, 58, 63, 4ᵉ de couverture droite

Paris

© Pierre Amiet, *La glyptique mésopotamienne archaïque*, Paris, 1980, fig. 587, pl. 38 et fig. 567, pl. 37 : p. 24 droite, 25 droite

© Hélène David-Cuny : p. 68

© Musée du Louvre / archives du département des Antiquités orientales : p. 8-9

© Musée du Louvre / Caroline Florimont : p. 48 gauche

© Musée du Louvre, dist. RMN-Grand Palais / Raphaël Chipault : p. 24 gauche, 25 gauche, 29, 34 droite, 39, 44, 48 droite

© Musée du Louvre, dist. RMN-Grand Palais / Angèle Dequier : p. 12

© Musée du Louvre, dist. RMN-Grand Palais / Philippe Fuzeau : p. 30

© Musée du Louvre, dist. RMN-Grand Palais / Thierry Ollivier : p. 40, 45, 47, 49, 54 droite

© RMN-Grand Palais (musée du Louvre) / Jacques-Ernest Bulloz : p. 55 gauche

© RMN-Grand Palais (musée du Louvre) / Hervé Lewandowski : p. 31

© RMN-Grand Palais (musée du Louvre) / Sylvie Chan-Liat : p. 59

© RMN-Grand Palais (musée du Louvre) / Mathieu Rabeau : p. 23, 51 gauche, 60, 64 bas, 4ᵉ de couverture gauche

© RMN-Grand Palais (musée du Louvre) / Franck Raux : couverture gauche, p. 20, 55 milieu et droite, 64 haut

Table des matières – Table of contents